国家社会科学基金项目最终成果

国家社科基金项目"建设世界旅游强国的制度创新问题研究"最终成果（项目编号：13BJY144）

建设世界旅游强国的制度创新之路

周　琳　著
韩致宁

中国社会科学出版社

图书在版编目(CIP)数据

建设世界旅游强国的制度创新之路 / 周琳，韩致宁著 . —北京：
中国社会科学出版社，2017.9
ISBN 978 - 7 - 5203 - 0361 - 3

Ⅰ.①建… Ⅱ.①周…②韩… Ⅲ.①旅游业发展 - 研究 - 中国
Ⅳ.①F592.3

中国版本图书馆 CIP 数据核字(2017)第 099935 号

出 版 人	赵剑英
责任编辑	宫京蕾
责任校对	曹占江
责任印制	李寡寡

出　　版	中国社会科学出版社
社　　址	北京鼓楼西大街甲 158 号
邮　　编	100720
网　　址	http：//www.csspw.cn
发 行 部	010 - 84083685
门 市 部	010 - 84029450
经　　销	新华书店及其他书店

印刷装订	北京君升印刷有限公司
版　　次	2017 年 9 月第 1 版
印　　次	2017 年 9 月第 1 次印刷

开　　本	710×1000　1/16
印　　张	13.25
插　　页	2
字　　数	191 千字
定　　价	58.00 元

凡购买中国社会科学出版社图书，如有质量问题请与本社营销中心联系调换
电话：010 - 84083683

降低制度成本，促进旅游创新（代序）

吴必虎

我很幸运，能够在周琳女士的大作《建设世界旅游强国的制度创新之路》正式付梓之前就有机会拜读，并深为其探讨的旅游制度创新的深度与广度所折服。遗憾的是，我对旅游政策及制度并没有进行过认真的研究，对其作品具有的学术价值和对中国旅游改革发展事业的积极推动作用，也担心做不出系统的评价。但通过初步浏览其覆盖的广泛内容和依据的深厚理论基础，针对存在的各种问题的深度剖析，以及提出的若干条具有对症下药效果的政策建议，仍然不难看出这是一本适逢其时、值得一读的专著。特别是在当前如火如荼开展的全域旅游背景下，各地政府表现出对旅游发展的前所未有的高度重视，这本书对各级地方政府的官员和政策研究者来讲，具有更大的借鉴意义。

对于什么是全域旅游，我近期应邀连续在多个省级行政区作了十几场讲座报告，提出的基本观点不外乎两点，一是将全域旅游视为一种发展哲学，将旅游产业放到区域经济结构调整和提高发展的质量层面来理解旅游发展；二是将全域旅游推荐为各级政府的一种政策工具，通过全域旅游的理念和措施，将各地政府主要领导和相关部门的支持配合落实到具体的行政运转过程中去。但是我每一次都对各地领导干部提出忠告：有同样的全域旅游发展思想，却没有同样的旅游发展路径。要是说有什么对旅游政策、制度的理解的话，我想因地制宜、因时制宜制定和落实各项政策、制度，就是其中一个值得人们严肃思考的角度。

　　尽管周琳女士的大作已经对中国建设世界旅游强国的制度创新进行了一系列的分析，广大读者也一定会从她的著述中获得足够的理论指引和实践建议，我仍想借此机会，谈一下我对目前中国旅游发展转型时期的政策供给方面的不足，或者面临的多种挑战，谈一些个人的见解，以供读者相互参考、扩展思路、察近虑远。诚如作者周琳在其著作中呈现的，涉旅制度包括多个角度和方面，包括国家和地方、资源和市场、企业与员工等多个领域。但是我个人由于学术视野较多局限于旅游资源及规划利用方面，所以就集中谈一下这方面的问题吧。总的感觉是中国已由紧缺经济进入过剩经济阶段，涉及旅游资源的管理与利用方面的制度创新在因时制宜方面存在很多紧迫任务。

　　第一个是资源的物权制度及其真正实施。

　　根据中国现有制度设置和法律框架，中国的旅游资源物权不外乎国有和集体所有两种情况。各种地上、地下、领域内水下的资源如温泉、洞穴、瀑布、文物、山水，一般情况下都是国有的。这个问题毋庸多论。但是问题主要出现于按照《宪法》和《物权法》规定属于农村集体所有的土地、宅基地的旅游开发问题。所谓物权，包括所有权、用益物权、担保物权等三方面权利。但是农民对其以村为核算单位的耕地、林地、宅基地的处置权利却并不能真正实现三方面的权利。根据现有《土地管理法》和《农村土地承包法》，农民是没有权利对其村集体所有的土地实施物权权利的，不能进入市场、不能到银行抵押贷款，目前的做法是所有权、承包权、经营权三权分离。随着大规模城市化和撤村并镇、一户一宅、拆旧建新政策的推行，大量的符合生态平衡、景观美丽的旧村落被大面积拆毁，即使一部分保留下来的传统村落也因人口流动进城出现大量空置浪费现象，而由于制度方面的障碍，农民不得将其转让给城市居民而得到进城发展的第一桶金，也阻碍了城市居民在满足了城市内部第一住宅的消费后，不断出现和高涨的到乡村置业第二住宅的需求的实现。城乡人口之间的对流，已经形成了较好的经济和社会基础，但是我们的制度基础设施却完全没有准备好。

　　如果从法理上说，既然农村土地物权属于村集体所有，村民集体决议是有权利拿出一部分村里的土地或宅基地（比如说其中的30%）进入市场流通的，不是说"谁的地盘谁做主"嘛。但如果这样落实农民的物权，地方政府就会失去土地财政的源头支撑，地方政府作为一个利益主体，一定会竭力反对农民权利的实现。所以我们还会继续在盘剥农民利益的老路上彳亍不前。基于这样的农村制度改革的滞后，目前的乡村旅游和民宿事业发展，只能采取两种办法，一种是通过正常的土地征收变为国有土地然后招拍挂实行普通的旅游地产开发，由房地产商开发提供乡村别墅产品，但这种产品显然过于城市化，缺乏特色，失去乡村的基本吸引力；其二是市民或开发商通过与农民签订租赁协议，对不具有产权的农宅进行有限的改造，没有投资者愿意花巨资重新开发只有200平方米左右的农民宅基地，因此乡村旅游产品的创新受到了严重的阻滞。

第二个是国有旅游资源的利益部门化及其调整难度。

虽然各种部门法都声称各种资源是国有的，风景名胜区、自然保护区、国家森林公园、国家地质公园、国家矿山公园、国家海洋公园、国家水利风景区、全国重点文物保护单位……但宪法授予国务院代表国家对这些国有资源的拥有权、管理权、经营权却常常实际上掌握在各个政府部委手里，包括住建部、环保部、水利部、文物局、林业局、海洋局……这些部门分别主导制定了各自的法律、条例、规定和管理细则，不同程度地存在预设利益空间、排他管理、自行运营的条块，在面对大众旅游时代的集中需求时，过去的体制和管理方法，特别是集所有权、管理权与经营权三位一体的模式，已经完全不能满足国民对这些资源的无障碍进入权、受教育权的公平要求。

为了加快生态文明建设、构建中国特色的国家公园体制，国家公园的系统构建及相关立法、制度建设，已经到了迫在眉睫的阶段，但不同部门之间的利益之争、权力博弈，已经到了白热化的程度。对于每个被授权的部委来讲，他们的管理目标和价值观实现也许并没有什么错，但是在整体的资源管理和价值实现方面，我们缺乏系统的顶层设计。

第三个是旅游资源的保护与利用并举的效率问题。

由于上面述及的第二个原因，各类国家所有的旅游资源在保护与利用关系、不同利用之间的关系方面，也就必然存在更多的矛盾和冲突。首先是各个部门只考虑单一的保护目标而忽视与之紧密关联的合理、适度利用问题。文物法本应同时解决、协调好保护与利用的两个问题，但却只谈保护而无视利用，或只允许少数的利用方式，目前一般只允许文物保管所、博物馆和游览场所三种利用方式，而禁止国家级文保单位的商业经营使用。但是观察全球其他国家，都是允许在保护好文物的前提下开放给社会各界的商业性利用的。再比如国家级重点风景名胜区，目前也只允许观光旅游的产品形式，禁止进行休闲度假类型的产品的开发。反溯历史，我们不难发现，现代的风景名胜区之所以叫名胜区，而不叫保护区，就是因为历史上各代文人雅士商贾僧侣的择址建筑而逐步形成的。西湖、庐山、鼋头渚、鸡公山，莫不如此。因此很有必要将现行风景名胜区单一的类型划分为城市建成区之内或其近郊的游憩型和远离城市的自然型两大类，对于前者应该允许进行经过高水平的规划设计提供必要的休闲度假产品。

其次是不同的利用之间相互排斥，不能混搭，导致大量宝贵的土地资源利用率十分低下。农业用地只能用于农业，水利部门控制的地段只能用于水利，交通部门控制的土地不能用于其他领域，住宅和商业必须截然分开，原因竟然是因为双方的基价核算方法不同，从来没见过人是这样被尿逼死的。一块地，为什么不能同时混合使用实现最大效率呢？不是技术上有什么解决不了的难题，而是因为部门利益之间的相互排斥和各自占山为王。由于政府权力过大、忽视市场的调节机制，面对存在的利用效率低下弊端，各个部门也就视而不见或者不需承担因此出现的高昂成本，而长期得不到切实的解决。关于"农地农业用"，在过去粮食供给不足时代是可以理解的一项国策，但是现在中国已经进入城市化和后城市化时代，粮食市场出现了高产量、高仓储、高价格、高进口的"四高"现象，中央也一直要求农村要一二三产融合发展，因此农业用地也必然会出现一定比例的"非农用"安排。河道两侧根据《水利法》和《防洪法》要求，控制防洪之外的其他利用，平时的滨水空间的利用，特别是游憩利用不足，造成相当大的闲置浪费。由铁路部门一家说了算的高铁站范围内，与城市其他交通方式的无缝对接和出行便利非常不够。凡此种种，触目皆是，但凡改进，都会涉及既得利益重新调整，要想真正改善，唯有通过市场力量和民主监督去推进。扫帚不到，灰尘不会自己跑掉。

正如作者在其著作中述及，中国已经进入旅游产业转型、旅游产品更新、在由世界旅游大国迈向世界旅游强国的历史进程之中。在此过程中，除了技术创新，制度创新是其最为重要的推进和保障力量。希望这一领域的研究进步，能够有助于从深层次上解决中国旅游业的可持续发展的根本问题。

是为序。

国际旅游研究院　院士

中国旅游改革发展咨询委员会　委员

盘古智库创始会员、专家委员会　委员

北京大学旅游研究与规划中心　主任

2016 年 12 月 12 日

目　　录

第一章　绪论

第一节　研究目的与选题意义

一　研究目的

党的十八大给旅游业的发展带来了希望和鼓舞，也给旅游业改革与创新带来了空前的战略机遇，为旅游业的改革创新提供了坚实的理论支持和基础。党的十八大指出："全面建成小康社会，必须以更大的政治勇气和智慧，不失时机深化重要领域改革。"① 党的十八届五中全会强调：实现"十三五"时期发展目标，破解发展难题，厚植发展优势，必须牢固树立并切实贯彻创新、协调、绿色、开放、共享的发展。会议提出的新发展理念为我国旅游业发展注入了新的动力，也带来了新的契机。改革开放 30 多年来，随着中国经济的快速发展和社会的加速转型，旅游业也随之实现了超常规的跨越式发展，但是同中国的各行各业一样，旅游业的可持续发展也面临着深化改革的困境与难题。可以说，如果不进行深刻的体制改革和制度创新，旅游业不会实现真正的科学发展和可持续发展，中国建设世界旅游强国的发展方向和目标也只能是无源之水、无本之木，不会科学推进、顺利实现。

---

① 胡锦涛：《坚定不移沿着中国特色社会主义道路前进为全面建成小康社会而奋斗》，人民出版社 2012 年版。

本书的主要研究目的是，以应用经济学、旅游经济学和制度经济学为研究视角，从马克思主义的学术传统出发、从中国旅游业发展的现实需要出发、从旅游经济学的理论建构出发，侧重研究中国1999年提出建设世界旅游强国的目标以来，尤其是当前中国旅游业的制度创新问题，为寻求旅游业全面发展的制度支撑和科学道路提供基础性支持。在对研究文献和基本理论进行梳理和评估的基础上，对中国旅游业面临的制度创新问题进行现状与问题分析、实证分析、比较分析、结构与过程分析，从多维度、多向度全面而深入地对中国建设世界旅游强国的制度创新问题进行分析，最后系统地、有针对性地思考战略应对举措。

二　选题意义

第一，实践上切中紧迫而又长远的实践发展的需要。自20世纪90年代末以来，我国旅游业发展得到了国家宏观政策层面的充分肯定和支持。在1998年召开的中央经济工作会议上，旅游业正式被确定为国民经济新的增长点；[①] 1999年国家旅游局在《中国旅游业发展"十五"计划和2015年、2020年远景目标纲要》中，确立了在2020年把中国建成世界旅游强国的总目标；2003年10月，时任国务院总理温家宝在北京举行的世界旅游大会上明确提出："要把旅游业培育成为国民经济的重要产业"；[②] 国家旅游局局长邵琪伟在2008年全国旅游工作会议上讲道："全国有27个省区市把旅游业确立为支柱产业、先导产业或第三产业的龙头产业。全年有14个省区市以党委、政府名义，召开了旅游产业发展大会或旅游工作会议。……与此同时，中央和国家机关各相关部门进一步加大了对旅游业的支持力度。"[③] 2014年7月2日召开的国务院常务会议，确定了促进旅游业

---

① 马海鹰：《历年国务院政府工作报告中的"旅游"表述分析》，《中国旅游报》2007年5月30日。

② 许志峰、龚雯：《世界旅游组织第十五届全体大会在京开幕》，《人民日报》2003年10月20日。

③ 邵琪伟：《在2008年全国旅游工作会议上的讲话》，《中国旅游报》2008年1月23日。

改革发展的一系列政策举措，为旅游业的转型升级指明了方向。2016年5月19日，李克强总理在北京召开的首届世界旅游发展大会致辞中强调，旅游业是中国培育发展新动能的生力军，旅游业是大众创业、万众创新的大舞台，旅游业是实现扶贫脱贫的重要支柱，旅游业是建设美丽中国的助推器，旅游业是中国对外友好交往的高架桥。为我国旅游业发展指出了更大的发展空间。当前，实现"一带一路"的旅游愿景令旅游界振奋，协调推进"四个全面"战略布局给中国建设世界旅游强国提供了难得机遇。旅游业对于拉动内需、扩大就业、促进经济结构调整、改善生态环境、扶贫致富以及在西部大开发和东北老工业基地振兴中的地位和作用已经受到越来越多、越来越强烈的关注和重视。自从1999年国家旅游局提出到2020年把中国由世界旅游大国发展为世界旅游强国以来，中国旅游业总体呈现加快发展态势。2012年，中国旅游业总收入达到2.57万亿元，同比增长14%，占GDP比重为4.95%，出境游对世界旅游市场贡献率超过7%，已经成为世界第三大出境客源国和第三大旅游目的地国，逐渐接近世界旅游强国目标。但是中国旅游业发展面临的问题也很多，速度、数量、数字指标增长快，内涵、结构、素质指标差强人意，仅看统计数字，只能看到表象，不少统计数字实际上掩盖了深层次的问题。中国旅游业距离我们设定的世界旅游强国的目标仍有很大差距，旅游业的可持续发展还有很多问题，这些问题中最为突出的就是制度问题，尤其是建设世界旅游强国的体制基础和制度支撑依然明显不足。因此，迫切需要对中国建设世界旅游强国的制度创新问题进行专门研究。

第二，理论上推进深入而又系统的理论研究与学术构建的需要。中国旅游业由世界旅游大国到世界旅游强国的跃升，主要是由中国经济的大节奏、大背景来带动和拉动的，尚未形成内涵式、质量式、结构性、体制性的发展特色，理论与学术支撑更加欠缺。因此，中国旅游业发展必须克服简单行政强制，使自身的理论研究跟上实践需要，必须克服单纯功利驱动，使自身的学术研究具有前瞻特性。在中国旅游业发展由弱到大、由大到强的目标实现过程中，价值理性和非物质取向得到尊重，内部性和外部性的严重失衡得到纠正，功利取向和人文价值合理配置，为实现这些内涵性、特质性要求，唯有建立科学而充分有效的制度安排与保障。本书选题正为此而立，也试图在理论与学术上有所突破和建树。

第三，战略上构建起我国旅游制度框架体系的需要。党的十八大强调，要始终把改革创新精神贯彻到治国理政各个环节。党的十八届五中全会又提出，坚持创新发展，必须把创新摆在国家发展全局的核心位置，不断推进理论创新、制度创新、科技创新、文化创新等多方面创新，让创新贯穿党和国家一切工作，让创新在全社会蔚然成风。这为我国旅游业创新发展指明了方向。制度建设是旅游业发展的支撑和根本，没有完善而健全的旅游制度体系，建设世界旅游强国的目标就难以实现。应该说，建立起旅游制度体系是我国旅游业做大做强的必要条件之一。这就要求我们在理论研究和实践探索中，要不断地研究和创新旅游制度，丰富旅游制度的内涵，创新旅游制度建设的方式，形成我国旅游制度建设的长效机制。

第二节　国内外研究现状述评

一　国内研究现状述评

1999 年国家旅游局提出到 2020 年中国旅游业发展成为世界旅游强国以来，国内学者对本书选题的相关研究成果逐渐增加，提出了一些有价值的观点和见解。主要有：

对建设世界旅游强国制度问题的研究。探究了世界旅游强国：法国、西班牙、奥地利等的旅游政策法律制度及对我国旅游业发展具有的有益启示;[1] 提出了建设世界旅游强国要关注的六个前沿问题，尤其提出要认真研究制度变革与创新的重大问题：如何实现旅游利益的共享机制，如何推进产权制度改革尤其是不同类型旅游资源的产权化，如何改变制约企业壮大的体制因素，如何推进深层次的区域旅游

---

[1]　刘劲柳：《世界旅游强国的政策法律》，《中国旅游报》2005 年 9 月 7 日。

合作，等等；① 从政府和企业两个角度阐述了实现世界旅游强国战略目标的着力点；② 提出了我国从旅游大国向旅游强国迈进的五个着力点：旅游强国指标要进一步科学化，旅游要素建设要进一步产业化，旅游发展机制要进一步市场化，旅游增长方式要进一步集约化，旅游产业提升要进一步国际化。③

　　对旅游制度创新的内涵进行分析。提出旅游制度创新主要包括旅游市场创新、旅游管理创新、旅游组织创新、旅游政策创新；④ 提出旅游资源的创新主要是丰富旅游资源内涵主题创新和开发利用；⑤ 旅游产品创新，主要包括旅游产品的设计和重新组合、旅游服务项目的增减或改善、新技术的应用、旅游品牌的塑造、旅游服务功能的创新等；⑥ 旅游服务创新，包括新的旅游服务概念、新的游客界面、新的服务技术等；⑦ 旅游规划创新，主要包括旅游规划的内容创新、旅游规划的技术创新、旅游规划的人才创新、旅游规划的组织创新、政策保障的创新等；⑧ 旅游科技创新，主要包括新的科学技术与旅游业的需求和特点相结合，通过研究开发工程化、商品化等阶段，使旅游业的科技含量逐步提高；⑨ 旅游业态创新，包括产品形式的业态创新，

---

① 刘锋：《建设世界旅游强国的前沿关注》，《旅游学刊》2005 年第 5 期。

② 易伟新：《论世界旅游强国战略目标实现的着力点——中国改革开放旅游发展三十年的思考》，《中国市场》2009 年第 1 期。

③ 王志发：《当前旅游产业发展的战略思考》，《旅游学刊》2007 年第 4 期。

④ 汤桂荔：《发展广西旅游经济的思考》，《沿海企业与科技》1999 年第 4 期。

⑤ 方家平、刘霞红：《旅游创新资源开发初探》，《贵州商业专科学院学报》2001 年第 2 期；戴光全：《旅游资源创新问题的初步研究》，《桂林旅游高等专科学校学报》2001 年第 1 期；王学峰：《旅游产品创新的基本问题探析》，《山东师范大学学报（自然科学版）》2002 年第 4 期。

⑥ 万蓬勃：《构建旅游业产品创新体系的思考》，《产业与科技论坛》2007 年第 8 期。

⑦ 生延超：《旅游服务创新分析》，《北京市财贸管理干部学院学报》2004 年第 3 期；黄玮：《浅析旅游服务创新》，《浙江树人大学学报》2006 年第 3 期。

⑧ 刘锋：《新时期中国旅游规划创新》，《旅游学刊》2001 年第 5 期；马勇、肖智磊、卢桂芳：《区域旅游规划的新思考》，《旅游科学》2007 年第 3 期。

⑨ 钟海生：《旅游科技创新体系研究》，《旅游学刊》2000 年第 3 期。

如工业旅游、体育旅游，经营形式的业态创新。[1]

　　对我国旅游业管理体制的发展演变进行分析。系统描述了我国旅游业发展管理体制的变化；[2] 对我国政府旅游管理体制现有模式及其存在的问题进行了研究，并对我国政府旅游管理体制创新模式提出了系统的建议。[3]

　　对我国旅游业制度创新的动因与影响因素进行分析。探讨了我国旅游业制度创新的动因，通过对旅游业各利益主体的诉求分析，归纳演绎出各自所面临的制度选择和交易费用，提出旅游业制度创新的动力机制，并对此机制内各因素和主体之间的交互运动和博弈做了解释；[4] 分析了影响我国旅游业发展的制度因素；[5] 结合我国休闲旅游发展趋势探讨了旅游制度创新。[6]

　　对我国旅游业制度创新的演化模式等进行分析。提出了旅游发展动力系统及其结构模型，从而找出利于制定旅游与区域经济社会共同发展动力机制的培育对策；[7] 从政府——旅游业制度变迁的主导力量、企业个体组织——旅游业制度变迁的核心驱动因素、其他社会组织——旅游业制度变迁的重要支撑等三个方面，分析了中国旅游业制度变迁的主体类型及演化模式。[8] 以新服务概念、新顾客界面、新传

　　① 杨玲玲、魏小安：《旅游新业态的"新"意探析》，《资源与产业》2009年第6期；魏小安：《旅游业态创新与新商机》，中国旅游出版社2009年版；张文建：《当代旅游业态理论及创新问题探析》，《商业经济与管理》2010年第4期。

　　② 贾生华、邹爱其：《制度变迁与中国旅游产业的成长阶段和发展对策》，《旅游学刊》2002年第7期。

　　③ 乔晶：《我国政府旅游管理体制创新研究》，硕士论文，山西大学，2009年。

　　④ 袁亚忠、贾艳青：《我国旅游业制度创新的动因分析》，《生产力研究》2007年第10期。

　　⑤ 魏宝祥：《影响我国旅游业发展的制度因素研究》，《西北师范大学学报（自然科学版）》2004年第4期。

　　⑥ 冉斌：《我国休闲旅游发展趋势及制度创新思考》，《经济纵横》2004年第2期。

　　⑦ 彭华：《区域旅游发展驱动机制和动力模型初步探讨》，《区域旅游开发与崂山风景区可持续发展研讨会》，1999年10月。

　　⑧ 罗辉：《中国旅游业制度变迁的主体类型及演化模式研究》，《玉溪师范学院学报》2010年第3期。

递系统和技术等服务创新四维度模型为基础，对国内旅行社的创新模式进行了实证研究，建构了一种以传递系统和游客界面为主要内容、依托政府创新平台保障的市场拉动型模式。① 通过平遥古城的实证研究，提出旅游企业创新的来源和渠道主要是主客互动、合作创新以及旅游企业员工流动和知识传递带来的学习创新。创新系统是近年创新研究的热点之一，创新系统研究近年来也被引进国内的旅游研究中。② 提出"大城市边缘山地旅游创新系统"。③ 在政府、产业、大学三类主体的三重螺旋模型的基础上，形成了旅游产业集群创新系统。④

对我国旅游业发展的制度环境局限进行分析。提出无论是涉及产权界定与变化的所有制，涉及市场体系与竞争机制形成的计划体制，还是涉及各级政府作为旅游经济主体的财政体制，都对旅游经济参与者有着重大而直接的影响，从而构成了中国旅游业发展环境中主要的、基本的制度局限。⑤

对我国旅游业制度创新的个案分析。研究了广东"旅游综合改革示范区"的制度创新⑥、桂林旅游产业发展运行机制创新⑦、桂林旅游产业可持续发展的制度创新⑧、技术创新与制度创新在桂林旅游产

① 王君正、吴贵生：《基于服务创新四维度模型的我国旅游业企业创新模式分析——以云南旅游业为例》，《商业研究》2007年第8期。

② 刘敏：《关于旅游地旅游企业创新的初步研究——以平遥古城为例》，《生产力研究》2010年第11期。

③ 丁焕峰、陈烈：《大城市边缘山地旅游创新系统初步研究》，《山地学报》2002年第3期。

④ 阎友兵、王志凡：《基于三重螺旋模型的旅游产业集群创新系统研究》，《科技管理研究》2009年第4期。

⑤ 司马志：《基于ESP范式的中国旅游产业绩效分析》，博士论文，上海社会科学院，2010年。

⑥ 刘少和：《广东"旅游综合改革示范区"建设的制度创新思考》，《中国旅游报》2009年6月12日。

⑦ 陈丽华：《桂林旅游产业创新发展研究》，博士论文，武汉大学，2011年。

⑧ 李美云、徐正春：《从制度创新看桂林旅游产业的可持续发展》，《林业经济》2003年第6期。

业发展的应用、① 加快郑州旅游业发展的制度创新、② 天津旅游业发展的制度环境、③ "国际旅游岛" 背景下的海南旅游业制度创新、④ 嘉兴旅游业转型发展中制度创新。⑤ 国内研究者们如郭鲁芳以杭州地区二县市 (淳安县、临安市) 为例对县域旅游经济制度变迁,⑥ 戴春芳等对张家界旅游产业集群创新系统,⑦ 周智生以云南丽江为例对多元文化资源整合与区域文化旅游创新发展,⑧ 吴亚平、陈志永基于核心力量导向差异的乡村旅游制度比较研究的基础上对贵州 "天龙屯堡" "郎德苗寨" 与 "西江苗寨",⑨ 夏梦等基于外部性理论对南京市旅游资源产权制度创新,⑩ 陈耀以海南旅游创新发展的探索为例对 "旅游境区",⑪ 许秋红等以广州岭南国际企业集团为例对基于制度创新的旅游企业战略联盟优势⑫等进行了实证分析与探讨。

　　总地看, 国内上述研究成果已从零散的、浅表的研究逐渐转向系统的、有计划的理论研究, 对旅游创新的多个方面和建设世界旅游强

　　① 卞谦、邓祝仁:《技术创新与制度创新在旅游行业的应用——关于桂林市旅游产业发展的个案研究》,《社会科学家》2000 年第 2 期。

　　② 刘莹:《加快郑州旅游业发展的制度创新研究》,《经营管理者》2011 年第 7 期。

　　③ 王碧含、梁智:《天津旅游业发展的制度环境研究》,《商业时代》2007 年第 5 期。

　　④ 王红:《 "国际旅游岛" 背景下的海南旅游业制度创新》,《新东方》2009 年第 6 期。

　　⑤ 汪明华:《嘉兴旅游业转型发展研究》, 硕士论文, 上海交通大学, 2008 年。

　　⑥ 郭鲁芳:《县域旅游经济制度变迁的实证分析——以杭州地区二县市 (淳安县、临安市) 为例》,《旅游学刊》2004 年第 3 期。

　　⑦ 戴春芳、王志凡:《张家界旅游产业集群创新系统分析》,《广西轻工业》2010 年第 3 期。

　　⑧ 周智生:《多元文化资源整合与区域文化旅游创新发展——以云南丽江为例》,《资源开发与市场》2007 年第 1 期。

　　⑨ 吴亚平、陈志永:《基于核心力量导向差异的乡村旅游制度比较研究——对贵州 "天龙屯堡" "郎德苗寨" 与 "西江苗寨" 的实证分析》,《热带地理》2012 年第 9 期。

　　⑩ 夏梦、赵晓梅、赵媛:《基于外部性理论的南京市旅游资源产权制度创新》,《商场现代化》2005 年第 9 期。

　　⑪ 陈耀:《 "旅游境区" 研究——以海南旅游创新发展的探索为例》,《中国旅游评论》2011 年第 7 期。

　　⑫ 许秋红、尹涛、李青:《基于制度创新的旅游企业战略联盟优势——以广州岭南国际企业集团为例》,《管理案例研究与评论》2009 年第 2 期。

国的多个问题都展开了研究，对本书的提出和完成很有借鉴意义。但是这些研究远没有达到深入的专题研究水平，尤其是对旅游制度创新的专门的系统研究非常欠缺，从论文和著作两个方面目前能检索到的系统研究旅游制度创新的成果仅有 30 多项，关于建设世界旅游强国制度创新问题的专门研究成果几乎没有，这远远滞后于快速发展的旅游业实践与建设世界旅游强国进程的需要。这些给本书的研究提供了充足的必要性与广泛的展开空间。

二　国外研究现状述评

国外学者对本书的相关研究起步早，成果也比较多，提出了不少可供借鉴的观点和主张。国外对旅游创新的研究始于 1990 年代初，至今为止已经有 20 多年历史，并取得了比较丰硕的研究成果。① 如欧盟 SI4S 项目，主要对服务创新进行调查，其中包括旅游业的调查；2003 年经济合作与发展组织（OCED）在瑞士卢加诺举行了关于旅游的专门会议——"创新与旅游增长"会议；奥地利有关部门 2005 年举办了"创新与旅游中的产品发展"研讨会。② 现有世界旅游强国的制度实践与做法也很成熟，很多经验值得中国借鉴。主要有：

对旅游创新概念进行阐述。伽拉格（Hjalager，1997）提出了可持续旅游中的创新的概念，认为旅游创新包括：产品创新、传统过程创新、信息控制中的过程创新、管理创新、制度创新；③ 伽拉格（2002）提出对旅游中创新的缺陷进行修补，指出旅游创新可以在产品创新、过程创新、管理创新、组织创新、制度创新当中的一个或多个类型中发生。④

对旅游创新的动力因素进行探讨。很多国外学者提出技术进步、

---

① 郭峦：《国内外旅游创新研究综述》，《创新》2012 年第 2 期。

② 参见郭峦《国内外旅游创新研究综述》，《创新》2012 年第 2 期。

③ Hjalager. A. M. Innovation patterns in sustainable：an analyticalty pology. Tourism Management，1997（18）.

④ Hjalager. A. M. Repairing innovation defectiveness in tourism. Tourism Management，2002（23）.

市场需求、市场竞争都是产生旅游创新的重要因素;① 霍尔（Hall，2008）比较详细地探讨了旅游创新的动力因素，包括经济能力、个体企业家精神、国家的角色等;② 弗莱格仕塔（Flagestad，2006）分析了非冬季旅游创新系统，提出旅游创新的动力因素包括地方政府的政策、品牌质量、对非冬季的认识、目的地管理组织、基础设施投入、业主结构、目的地合作文化、可进入性等因素;③ 盖林（Guerin，2006）明确指出创新精神可以推进旅游创新。④

对旅游创新的影响因素进行分析。Pikkemaat（2006）提出，旅游创新的关键因素是知识及其管理;⑤ 桑德博（Sundbo，2007）提出，旅游企业创新行为与企业规模有关;⑥ 霍尔（2008）认为，连锁饭店创新成功的影响因素有市场吸引力、新服务过程的管理、市场响应授权，单体饭店创新成功的影响因素有员工培训、评估行为、市场营销交流、市场营销协同、员工承诺;⑦ 潘（Poon，1993）对网络结构对旅游业的技术创新及扩散过程的影响进行了探讨。⑧

对旅游创新系统进行研究。近年来，国外学者从旅游创新的组织模式的角度，把旅游创新系统引入了旅游研究中。马特松（Mattsson，2005）把运用到旅游部门的创新系统定义为"一个网络"，认为这个系统

---

① 参见郭峦《国内外旅游创新研究综述》，《创新》2012 年第 2 期。

② Hall C. M，Williams A. M. Tourism and Innovation. R outledge，2008：18 – 19.

③ Flagestad A. The destination as an innovation system for non – winter ourism. Innovation and Product Development in Tourism，2006：25 – 37.

④ Guerin A. J. The French Initiative for Innovation in Tourism：How to rejuvenate Supply and Increase the Productivityof the Tourism Sector. Innovation and Growth in Tourism，2006：109 – 120.

⑤ Pikkemaat B，Silvia Pfeil. Knowledge Management as precursor for innovation in tourism – the case of "familynests" in tyrol. Innovation and Product Development in Tourism，2006：121 – 137.

⑥ Sundbo，J，Orfila – Sintes，F，Sorensen，F. The innovative behaviour of tourism firms—comparative studies of Denmark and Spain. R esearch Policy，2007（36）.

⑦ Hall C. M，Williams A. M. Tourism and Innovation. R outledge，2008.

⑧ Poon A. Tourism，technology and competitive strategies. UK：CABI Publishing，1993.

是一个比制造业和其他服务业更松散连接的系统。① 弗莱格仕塔（Flagestad，2006）以旅游创新系统的三螺旋结构和经合组织提出的模型分析为基础，建立了非冬季旅游创新系统的目的地模型。② 桑德博（Sundbo，2007）明确提出并定义了"旅游创新系统"的概念，将其阐释为旅游企业中影响学习和创新的经济结构的部分和某方面以及建立的制度。③

对制度创新与经济增长的关系进行分析。提出制度创新是一个变量，制度均衡也可能在新的外在条件和潜在利益下被打破，因此制度变迁的过程是制度均衡与制度创新交替出现的过程；④ 认为经济增长的根本原因在于制度因素，制度是经济发展的决定性因素和重要内生变量，强调一个国家、地区经济增长的差异与经济发展路径的不同，其决定因素在于制度环境与制度安排的不同。⑤ 科斯（1960）研究了法律制度对资源配置和经济运行效率的影响，认为法律体系应就每个人的经济行为及财产权利做出合法的规定。⑥ 诺思、托马斯（1973）提出西方工业革命发生的主要原因并非技术革新，而应当从现代所有权体系和社会制度的漫长变迁过程中寻找原因。⑦ 诺思指出："当技术没有重大变化时，只要充分发挥制度因素的作用，就可以促进经济增长。"⑧ 明确提出技术的应用必须有赖于组织，实际上就是强调了制度在经济增长过程中的重要作用（加尔布雷斯，1973）。对制度变迁因素或制度变量与增长模型中的生产函数的关系进行了探析。查尔斯·I. 琼斯（Jones，2002）提出一个扩展经济的总生产函数：Y =

---

① Mattsson，J，Sundbo，J.，Jensen，C. F.. Innovation Systems in Tourism：The Roles of Attractor and Scene – Takers. Industry and Innovation，2005（3）.

② Flagestad A. The destination as an innovation system for non – winter ourism. Innovation and Product Development in Tourism，2006.

③ Sundbo，J，Orfila – Sintes，F，Sorensen，F. The innovative behaviour of tourism firms——comparative studies of Denmark and Spain. R esearch Policy，2007（36）.

④ ［美］戴维斯、诺思：《制度变迁与美国经济增长》，剑桥大学出版社1971年版。

⑤ ［美］诺思、托马斯：《西方世界的兴起》，华夏出版社1988年版。

⑥ ［美］科斯：《企业、市场与法律》，盛洪、陈郁译，上海三联书店1990年版。

⑦ ［美］诺思、托马斯：《西方世界的兴起》，华夏出版社1988年版。

⑧ ［美］诺思：《经济史中的结构与变迁》，陈郁、罗华平等译，上海人民出版社1991年版。

iKα（hl）1-α。其中的 i 表示经济的基础因素对生产率的影响。这表明，两个经济（或者说两国经济）即使有着相同的 k、h 和 l，但如果 i 不同，则它们的产出 Y 仍然不同。尽管琼斯没有很明确地指明这里的 i 就是制度变量，但是他指出的"经济的基础因素对生产率的影响"其实已经包含了制度的因素。①

有国外学者对制度变迁对中国经济增长的影响进行了实证分析，②（Luc Moers，1999）指出在转型中的国家，制度变迁对经济增长影响巨大。③（巴罗、萨拉伊马丁，2000）明确指出，跟20世纪60年代80年代相比，90年代以后的增长理论更关注于经验内涵、理论与数据之间的关系。④

总地看，国外学者的研究成果有很多方面可供本书参考借鉴，但也有明显的不足之处。对制度变迁（制度创新）与经济增长的一般性研究和对旅游创新的一般性研究比较多，对旅游制度创新的系统的、深入的、专门的研究很少，研究成果的针对性、指导性也不强，研究内容的涵盖面也比较窄，旅游制度创新的历史基础、文化传统、制度现状与现实条件也有很大的不同。

第三节　研究思路与研究方法

一　研究思路

本书以中国旅游业的发展过程与建设世界旅游强国的战略实施为

---

① 本部分内容综述参见王瑞泽、陈德山《经济增长模型中的制度变量及其代理变量的选择：一个文献综述》，《山东经济》2006年第3期；王瑞泽、张丽峰、张广现：《制度变迁对经济增长的影响分析》，《全国商情（经济理论研究）》2007年第9期。

② 参见王瑞泽《制度变迁下的中国经济增长研究》，博士论文，首都经济贸易大学，2006年。

③ Luc Moers，1999. "How important are Instiutions for Growth inTransition Counrites?" Tinbergen Institute Discussion Papers 99 - 004/2，Tinbergen Institute.

④ ［美］R. J. 巴罗、X. 萨拉伊马丁：《经济增长》，何晖、刘明兴译，中国社会科学出版社2000年版。

背景，集中对中国旅游业发展的最重要、最根本、最迫切的问题之一——制度创新问题进行思考与探析。基本的研究思路如下：

首先，对国内外研究文献进行综述与梳理。国内方面，从旅游制度创新的内涵、我国旅游业管理体制的发展演变、我国旅游业制度创新的动因与影响因素、我国旅游业制度创新的演化模式、我国旅游业发展的制度环境局限、建设世界旅游强国的制度问题、个案分析等几个层面，对有关研究文献进行系统、全面地梳理分析；国外方面，从世界旅游强国的旅游法律制度实践、旅游创新的概念、旅游创新的动力因素和影响因素、旅游创新的组织模式与旅游创新系统、制度创新与经济增长等几个层面，对有关研究文献进行综述分析。力图通过研究文献综述与梳理，把握研究动态、掌握前沿情况、选准研究重点和突破口。

其次，对中国建设世界旅游强国制度创新的国内外相关基本理论进行梳理与评估，紧紧围绕研究选题，对马克思主义制度创新理论、科学发展观、新古典经济增长理论、新制度经济学、旅游可持续发展理论的基本观点和可指导、借鉴之处进行概括分析。以文献梳理和理论梳理做为铺垫，形成基本的分析工具、分析思路、分析重点和分析方向。

再次，在文献梳理和基本理论梳理的基础上，对中国建设世界旅游强国制度创新进行现状与问题分析、实证分析、比较分析、结构与过程分析。从中国旅游业的发展历程、中国旅游制度建设现状、中国旅游制度问题阐析、中国旅游制度问题的原因剖析等几个方面分析中国建设世界旅游强国制度创新的现状与问题。从对历史文化名城、国家级重点风景名胜区、世界文化和自然遗产地、森林公园和地质公园、工业旅游、乡村旅游、新型个性旅游等的制度创新、旅游业政府管理体制的变迁、旅游业具体制度的创新以及对其评估中，进行相关的实证分析。对主要的世界旅游强国西班牙、法国、意大利、美国、德国等的旅游制度建设进行比较分析，并从中总结出对我国的启示。

最后，以文献与基本理论梳理和全方位的实证分析、理论分析和比较分析为依据，从目标指向、长期性的策略、针对性的对策三个维度，提出多条关于中国旅游业制度创新的有针对性、有操作性的对策建议（详见"主要创新之处"部分）。

二　研究方法

本书运用马克思主义理论、制度经济学、旅游经济学等相关理论知识，采用文献研究法、归纳分析法、专家意见法（德尔菲法）、层次分析法等研究方法，努力在理论分析与实践探究上做到理论研究和实证研究相结合、共性分析和个性分析相结合、定性分析和定量分析相结合、比较分析和调查分析相结合。

（一）实证分析与理论分析相结合

本书采用理论研究与实证分析相结合的研究方法，借鉴和采用多学科的分析方法，注重把制度经济学、产业经济学、区域经济学、政治学、公共管理学、文化学等相关理论有机融合，从经济、社会、文化、历史、管理等多个研究视角，对中国旅游业制度创新问题进行较为深入地理论和实证研究。借鉴国内外旅游业制度创新理论研究成果及其评价体系与评价方法，采用动态与静态相结合的理论分析和演绎推理，梳理相关研究文献与基础理论成果，通过理论综合、实证研究、比较研究等，对中国旅游业制度创新的历程、发展现状、存在问题和具体案例进行理性的、科学的分析，并提出可行的对策与措施。

（二）共性分析与个性分析相结合

任何事物都有与其他事物相关的共性，同时又都有自己的个性和特色。中国的旅游业更是如此，各地的旅游业发展都有其共性和个性。中国旅游业整体上面临着共性的制度问题，每个地方的旅游业和旅游业的不同类型又有其特殊性的制度、体制和机制问题。这就要求通过抽象的方法，也就是从具体到抽象的方法，在根据不同地方旅游业制度创新的环境和基础等的不同和差异、具体分析其各自特殊性的基础上，来分析中国旅游业制度创新的共同特征与一般规律。通过大量分析，来揭示中国建设世界旅游强国制度创新的一般方向和共同战略。

（三）定性分析与定量分析相结合

定性分析与定量分析相结合是本书重点应用的研究方法之一。旅游业制度创新是一个涉及经济、政治、社会文化、传统、管理以及制度本身的、复杂的巨大系统。而每个系统又包含多层次、多方面的组成部分，它们之间的关系是复杂的，又是相互作用的，构成了一个有机的统一体。对这样的复杂系统，除了采用一般性的常规研究方法，还必须采用定性与定量有机结合的综合集成研究法。定量分析是通过统计分析计算，用具体的数量、数字分析来研究旅游业问题的方法。要把定量方法与定性方法结合起来，构建中国旅游业制度创新的评价指标体系，采用层次分析法，建立定量分析模型，以使研究具有指标数量化、评价模型化、标准评定专家化和成果可操作化的特点。

（四）比较分析与调查分析相结合

本书运用比较分析与调查分析相结合的方法。运用比较分析的方法，对西班牙、法国、意大利、美国、德国、英国、日本等世界旅游强国的旅游制度建设的做法、主要经验及特点，做尽可能全面、客观而深入地比较分析，从中总结寻找出对我国旅游业制度创新有益的借鉴和启示。通过走访相关管理部门、企业和拜访专家等，了解主管部门和专业人士对中国建设世界旅游强国制度创新的现状、发展机遇、存在问题以及解决的意见和实际探索。同时从这些部门获得翔实的数据资料。通过比较和调查，提高研究的科学性、针对性和实际操作性。

第四节　结构安排与主要内容

从逻辑结构的整体来看，本书的研究内容是一个逻辑上紧密联系、互相支撑、依序递进的整体。各部分之间总体上的基本逻辑结构是：以文献梳理和基本理论梳理为基础，进行现状与问题分析、实证分析、比较分析、结构与过程分析，再以上述分析为依据，提出对策选择，最后做出结论。

从主要内容来看，本书以中国建设世界旅游强国的发展过程与战略实施为背景，集中对建设世界旅游强国的最重要、最根本、最迫切的问题之一——制度创新问题进行思考与探析。具体包括八个方面的内容：第一章，绪论；第二章，建设世界旅游强国制度创新的相关基础理论梳理；第三章，建设世界旅游强国制度创新的现状与问题分析；第四章，建设世界旅游强国制度创新的实证分析；第五章，世界旅游强国制度建设经验的比较分析；第六章，建设世界旅游强国制度创新的结构与过程分析；第七章，建设世界旅游强国制度创新的对策建议；结论。

第五节　主要特点

第一，选题重大，有新意。关于中国旅游业制度创新问题的研究多年徘徊在一定层次而未能深入，目前的研究亟须提升。尤其是对中国建设世界旅游强国的制度创新问题，国内一些学者把所涉及的问题提出来了，但尚未做系统深入的研究，空白点还很多。

第二，对中国建设世界旅游强国制度创新的现状进行了全面评估与实证分析，并重点指出了存在问题及改进对策。

第三，对西班牙、法国、德国、意大利、美国、德国等世界旅游强国的旅游制度创新进行了全面的比较分析，并指出了可借鉴之处；

第四，本书提出了几个关于中国建设世界旅游强国制度创新的有意义、有价值的新观点，主要有：

（1）中国建设世界旅游强国所需要的旅游创新包括多方面的内容，如产品创新、过程创新、管理创新、市场创新、组织创新、制度创新，等等。在这些方面中，旅游制度创新是基础性的、根本性的、最重要的，也是旅游业发展中最迫切需要的，更是最困难的，长期以来也未得到足够重视。旅游业制度供给的不足与非均衡、"条块"分割的行政管理体制纠葛、产权制度的欠缺、旅游行业管理依存性制度的供给短缺、旅游法律法规的缺乏、现有旅游制度的缺位等问题，必须切实加快推进解决。

（2）中国不同于美国、法国、西班牙、意大利等国，必须走出中国特色的旅游强国之路。在完善旅游行业管理制度的过程中，推进旅游行业管理依存性制度安排的创新，遵循市场经济规则和现代企业制度来促进旅游企业制度的改革创新，通过提供有效有用的相关制度安排来加快旅游发展的制度环境创新，加快形成世界旅游强国的中国特色。

（3）我国要真正从世界旅游大国发展成为世界旅游强国，必须是从粗放性的量到内涵性的质的转换，必须是发展方式与发展模式的根本性转换，必须从面向供给的管理转向需求管理，管理的重点从强调规模扩张转向管理制度建设。

（4）在强制性制度变迁的基础上，重视诱致性制度变迁催发的制度创新；通过金融支持制度、旅游企业集团化、专门化、市场化制度、技术创新激励制度、人才引进和培养制度等创新来回应诱致性制度变迁需求。

（5）要高度重视旅游多元主体的制度建设。把政府旅游管理的体制创新、旅游产业有序有效运行的制度创新、旅游产业转型升级的制度创新、旅游者吸引、引导、管理、教育的制度创新等结合起来，形成与世界旅游强国相匹配、也切实能够支撑世界旅游强国发展的旅游制度体系。

第五，本书提出了一些关于中国建设世界旅游强国制度创新的有新意的、具有前瞻性与操作性的对策选择，主要有：

（1）充分利用"改革红利"释放。要抓住当前和今后一定时期内中国深化和加快全面改革与重点改革的空前机遇，搞好建设世界旅游强国所需要的体制变革与制度创新的顶层安排和突破性构建，打牢体制基础和制度支撑，以此保证世界旅游强国的内涵、质量、结构与素质，避免粗放式的、不可持续的仅靠数字达标。

（2）深化旅游管理体制创新。明确政府与市场的关系，让市场在旅游资源配置中起决定性作用。构建有限政府主导与市场支撑相结合的旅游制度创新模式，改变"政府主宰"与"市场附庸"的困境，实现旅游业与相关行业的深度结合、协调发展。

（3）推进旅游企业制度创新。遵循党的十八届三中全会"两个都是""两个毫不动摇"的认识，深化产权制度改革等各方面改革，着力培育多元化的市场主体，积极发展混合所有制经济，推进现代企业制度建设。

（4）加快旅游法律制度建设。借鉴各个世界旅游强国的先进经验，尽快完善旅行社管理、旅行社反不正当竞争、旅游保险、导游管理等方面的法律制度，形成一个符合本国国情、与国际旅游立法接轨、达到世界先进水平的中国旅游法律体系。

（5）通过制度手段整顿旅游市场和旅游管理。加强制度建设，加大旅游市场整顿力度，大力改善旅游市场环境，树立中国由旅游大国到世界旅游强国产业丰富、市场规范、旅行安全、质量可靠的新形象。

（6）健全旅游资源补偿制度。生态补偿采用的形式丰富多样，在进行科学衡量的基础上，也可通过各方的博弈与协商来确定旅游资源补偿的标准。由国家在法规和政策层面提供协商与仲裁机制，促进利益相关者通过多方参加的协商而达成补偿协议。除资金补偿、实物补偿外，当地居民参与旅游资源的开发与经营管理也是独特而有效的补偿方式之一。

（7）建立旅游社会参与制度。没有社会参与，旅游业发展就不会充分考虑到公众的想法和感受，就不会有源源不断的推动力。旅游业的发展必须依靠社会组织和公众的广泛参与，社会组织和公众有权参与解决旅游问题的决策过程，参与旅游管理，并对旅游管理部门以及单位、个人与旅游有关的行为进行监督和评价。

第二章　建设世界旅游强国制度创新的相关基础理论梳理

制度创新（Institutional Innovation）的研究是随着人类社会发展而不断深入的。制度是从人类社会生产和交换活动中产生的，随着人类生产方式和交换活动的变化而变化的。因此，关于制度创新的研究一直没有停止，从马克思主义到科学发展观，再到新制度经济学，各个领域的学者都对此进行了深入的探讨和挖掘。这里我们从四个方面谈论制度创新的相关理论，希望通过对基础理论的梳理得到启示。

第一节　马克思主义制度创新理论

马克思主义的创新思想是其理论体系的重要组成部分。宏观上看，从中国革命到中国社会主义建设过程中都蕴含着制度创新思想，毛泽东思想、邓小平理论、"三个代表"重要思想、科学发展观、习近平总书记系列重要讲话精神等都是马克思主义制度创新的重大成果；从微观角度看，马克思主义指导了企业的发展，企业新的管理制度、新的生产模式和新的盈利方式都体现了制度创新的作用。

一　马克思的制度创新思想

马克思本人在著作中并没有明确提出过制度创新，但是他在论述制度的概念、生产关系的变革、股份制和信用制度时对制度创新都有提及，对当前我国旅游业制度创新具有重要的指导意义。通过对马克思著作的研读，我们是这样理解马克思制度创新理论的：制度产生于人的社会关系，是社会实践活动的产物。因此，任何制度都不是静止不变的。

（一）马克思的制度创新理论框架

生产力决定生产关系，而生产关系反作用于生产力，这是马克思研究制度创新的基础。马克思的制度创新理论以历史唯物主义为基础，把生产资料归谁所有作为研究制度创新的核心，认为不同利益集体之间的经济利益关系是制度的本质，构建了"生产方式与社会形态"的制度创新理论框架。

马克思从阶级间的关系出发研究制度的作用，他认为，不同利益集团、阶级之间是用制度来规范的，制度的作用就是平衡他们之间的关系。而制度安排直接影响到社会发展的动力，也就是社会不同阶级在经济活动中的动力和效率。马克思指出："社会的物质生产力发展到一定阶段，便同它们一直在其中运动的现存生产关系或财产关系（这只是生产关系的法律用语）发生矛盾。于是这些关系便由生产力的发展形式变成生产力的桎梏。那时社会革命的时代就到来了。随着经济基础的变更，全部庞大的上层建筑也或慢或快地发生变革。"[①]一定的社会制度促进了生产力的发展，而生产力的发展又要求新的社会制度的产生，要适应生产力的不断发展，制度就要不断改变、不断创新。

马克思除了考虑社会生产力对制度的要求，还强调了社会生产中人与人的关系，也就是阶级社会中个人、阶级和集团在制度创新中的作用。马克思清醒地认识到人们在社会中的一切活动，都是为了改善自身的生存条件，谋取对于自己有利的某种权利，是物质利益驱动了人类的一切活动。马克思认为，正是因为生产资料所有制形式不同，才产生了不同阶级和集团，各阶级、集团之间的矛盾是社会主要矛盾，要平衡他们之间的矛盾就要有新的制度供给，所以生产资料的所有制形式是社会经济制度的核心。

（二）马克思的制度创新内容

马克思关于生产资料所有制的创新。马克思在系统地分析了奴隶

制度、封建制度和资本主义制度相互之间的关系后，明确指出生产资料所有制形式的不断更替是社会生产力发展的结果。不适应生产力发展的生产资料占有形式必然会被历史所淘汰，只有不断创新、不断发展才能促进社会生产力的发展和社会的不断进步。马克思指出随着资本主义生产力的发展，资本主义制度也将瓦解，取而代之的是生产关系更为高级的社会主义制度。马克思认为，亚细亚的原始土地公有制形式是人类社会出现的第一种土地所有制形式。日耳曼所有制形式中，开始出现了土地私有制形式。到了资本主义社会，由于生产力的发展和工业革命的进行，生产资料私有制得到了较大发展。资本主义私有制的确立，有效地促进了生产力的发展和社会财富的积累，资本主义在有利的制度基础上得以迅速发展。

马克思认为，社会主义应该具备三个要素，即生产资料公有制、计划经济和民主。关于社会主义生产资料公有制，马克思认为这种所有制形式是社会发展的最高形式，比资本主义更为先进的所有制形式，在资本主义实现了资本的原始积累，物质文明发展到一定程度后，实现公有制能够进一步促进社会发展，最终实现人的全面发展，满足人们所有的物质、文化需求。马克思关于经济、政治制度也有自己的创新思想。他详细分析了资本主义经济、政治制度的发展历程，并指出："资本在它的萌芽时期，由于刚刚出世，不能单纯依靠经济关系的力量，还要依靠国家政权的帮助才能确保自己榨取足够的剩余劳动的权利。"① 马克思详细分析了资本主义自由贸易法、工厂立法和信用制度。通过研究，他认识到资本主义所有制度都是利用国家权力来达到资本积累的目的，资本得到积累后，资本主义国家的实力得以增强，从而可以提供的有利于生产力发展的制度，社会生产力必然得到迅速发展。

在生产组织方式、开辟新市场和寻求新原料方面，马克思同样做了深入研究。关于生产组织方式。马克思研究了从作坊生产到工场手工业生产，从工业工场生产到机器大生产，工厂制度到股份制公司制

---

① 《马克思恩格斯全集》第 23 卷，人民出版社 1972 年版，第 493—494 页。

定的整个发展过程。他认为，随着社会的发展简单的生产组织形式已经不能适应庞大的市场需求，要通过改变生产组织方式来解决这一矛盾。马克思指出："一旦工厂制度达到一定的广度和一定的成熟程度，特别是一旦它自己的技术基础即机器本身也用机器来生产，一旦煤和铁的采掘、金属加工以及交通运输业都发生革命，总之，一旦与大工业相适应的一般生产条件形成起来，这种生产方式就获得一种弹力，一种突然跳跃式地扩展的能力。"① 关于开辟新的市场。马克思认为，正是生产组织形式的变化让产品市场极大丰富，丰富的产品已经不仅限于供给本地（本国）消费，更大的市场给资本主义资本积累提供了条件。新的市场的开辟改变了成本与收益的关系，新的市场提供了更大的需求空间，更大规模的生产进一步降低了生产成本，让资本家的收益更加丰厚。马克思认为新原料的应用也能够进一步降低产品成本，资本积累和生产规模都得到迅速提高。

（三）马克思制度创新思想的意义

马克思的制度创新理论意义重大，不仅自己取得了丰硕的研究成果，同时也科学指导了后来一批学者的制度创新研究工作。马克思认为，制度是随着社会发展而不断变化的，每一个制度的消亡都代表一个新的制度的创立。这样将制度理解为"生产和交往实践发展的直接产物"的思想是非常先进的，成为了制度创新思想的理论先驱。

马克思的制度创新理论对熊彼特和诺思的创新研究产生了很大影响，在这两位学者的研究过程中都不同程度地借鉴了马克思的制度创新思想。马克思以唯物史观为核心，揭示了制度创新的基本规律和资本主义发展的历史局限性。② 马克思通过对制度创新的研究，有力地证明了资本主义终将被社会主义所取代这一必然趋势。马克思运用历史唯物主义的观点研究制度创新的方法，在社会主义国家产生了深远的影响，从列宁在苏联的社会主义实践到毛泽东革命思想、建国思想，从邓小平理论到"三个代表"重要思想，再到科学发展观。共

---

① 《马克思恩格斯全集》第23卷，人民出版社1972年版，第504页。
② 刘红玉：《马克思的创新思想研究》，博士论文，湖南大学，2011年。

产党人每一次思想飞跃都离不开马克思主义的指导，这些重要的理论成果在制度创新方面的探讨都不同程度受到了马克思的影响。

马克思的制度创新理论昭示我们，在当前旅游业制度创新中，要充分尊重生产力和生产关系的客观规律，充分考虑旅游业生产力提高对制度的要求，尊重作为创新主体旅游企业、旅游者的重要作用，运用联系的观点、矛盾的观点来科学地分析我国旅游业制度创新。

二　列宁的制度创新思想

列宁对制度创新进行了深入的思考，丰富和发展了马克思的制度创新理论，特别是列宁晚年关于制度创新的思想，直到今天，也具有重要的指导意义。

（一）列宁的跨越式发展思想

按照马克思晚年的设想，俄国革命不能使其走向社会主义，俄国只有依靠西方资本主义国家率先进入社会主义作为基础，首先发展生产力，在物质积累到一定程度的时候才能走上社会主义道路。

列宁在早年革命过程中，始终如一地按照马克思的设想方向前进，也坚信通过本国革命的影响能够带动西方资本主义国家无产阶级发动本国社会主义革命，没有西方国家社会主义革命的胜利，就没有俄国向社会主义社会转变的可能。

通过实践列宁对于俄国如何向社会主义过渡有了更深层次的认知。首先，俄国革命很难点燃西方国家无产阶级的革命热情，一旦西方国家无产阶级革命夭折，或者根本达不到颠覆资本主义社会的目的，那么俄国将很难进入社会主义国家的行列。其次，随着革命的深入，列宁开始重新审视马克思对俄国发展的构想，马克思的唯物史观也教导这些勇敢的革命者：不是思想规定现实的实践活动，而是社会革命实践不断催生新的符合现实要求的思想。[①] 具体问题具体分析的方法论指导列宁根据俄国实际开始考虑另外一种发展方式。最后，列

---

① 石弘：《列宁对马克思跨越发展理论的创新》，《河南科技大学学报（社会科学版）》2009 年第 2 期。

宁在分析了本国社会经济条件和革命未来的发展方向,清醒地意识到,如果按照马克思晚年的设想,俄国很难走上社会主义道路。俄国只有结合自身实际走先建立社会主义国家再发展生产力的道路,才能让无产阶级革命的目的得以实现。

(二)新经济政策

如果说"战时共产主义"是苏维埃的权宜之计,那么新经济政策则在苏联早期建设中起到了重要作用。"战时共产主义"对于保卫和巩固十月革命成果起到了至关重要的作用,但是随着1920年战争的结束,苏联经济社会因此受到的重创,国内矛盾重重。农民、工人以及士兵的不满情绪高涨,暴动事件频发,让列宁意识到"战时共产主义"已经不合时宜,布尔什维克果断终止了该项政策。

列宁在废除"战时共产主义"政策之后,开始执行新经济政策。新经济政策主要有四个方面:在农业方面,粮食税代替了余粮收集制,规定农民在缴纳粮食税后的粮食归农民支配,在一定限度范围内允许农民进行交换;在工业方面,国家经营涉及国家经济命脉的工矿企业,允许本国和外国资本家经营中小企业和国家尚无能力兴办的企业;在流通方面,从只允许形式简单的交换变成允许自由贸易;在分配方面,开始实行按劳分配。

新经济政策的实施有力地推动了苏联经济发展,不论当时还是在后来的国家建设中都起到了积极的作用。新经济政策主要是利用了国家资本主义来发展社会主义经济,在小农经济占优势的国家里实行这样的政策,有利于加强国家经济实力。新经济政策对后来的社会主义国家产生了重大影响,通过政府主导经济建设的形式,也是大多数社会主义国家相继效仿的发展模式。

(三)列宁晚年的社会主义创新思想

列宁在1922年末到1923年3月已经病情严重恶化的情况下,还在深入思考社会主义建设问题。几个月时间里共写下《论合作社》《论我国革命》《给代表大会的信》等八篇重要文章和书信。八篇文章(书信)高屋建瓴,具有极强的逻辑性和前瞻性,提出了更多的创新思想,在社会主义经济建设、文化建设和社会建设等方面都有涉及，具有很高的学术价值。

在社会主义经济建设方面。在实行"战时共产主义"时期，由于取消货币和交易，在1920年苏联国民经济已经接近崩溃的边缘。实行新经济政策后，利用市场和商品货币的关系，在一定限度内实行贸易自由，国民经济才得以恢复。因此，列宁认为，"商业是无产阶级国家政权必须抓住的环节。如果我们不能紧紧'抓住'这个环节，那么我们就掌握不了整个链条，就建不成社会主义社会经济关系的基础"。[①] 他认为"在资本主义国家里，国家资本主义有利于资产阶级；在无产阶级国家里，则有利于工人阶级"。[②] 列宁还指出："乐于吸收外国的好东西：苏维埃政权＋普鲁士的铁路秩序＋美国的技术和拖拉斯组织＋美国的国民教育等等等等＋＋＝总和＝社会主义。"[③] 列宁并没有将资本主义与社会主义发展割裂开，通过他对苏联社会主义的实践，更加清醒地意识到资本主义的发展有利于社会主义经济建设。同时，列宁清醒地意识到工业对国家发展的重要性，列宁在《宁肯少些，但要好些》中指出，高度发达的大工业是社会主义建设的物质基础。

在社会主义政治建设方面。列宁在《宁肯少些，但要好些》《给代表大会的信》和《怎样改组工农检察院》三篇文章（书信）中，对俄国之前的政治体制进行了批判，认为之前政治体制中权力过于集中、缺乏相应的监督制度。在《给代表大会的信》中，列宁提出，"为了防止中央委员会一小部分人的冲突对党的整个前途产生过大影响，委员人数从十来个、二十来个人增加到几十人甚至一百人"。[④] 另外，关于监督机制的建立，列宁在《怎样改组工农检察院》一文中主张扩大中央监察委员会，改组工农检察院，将两者合并整合，组建更具权威的监督机构。并明确指出了这样做的好处："第一，能够

①　《列宁选集》第4卷，人民出版社1972年版，第614页。

②　《列宁全集》第34卷，人民出版社1985年版，第171页。

③　同上书，第520页。

④　《列宁全集》第43卷，人民出版社1985年版，第363页。

使中央委员会本身具有稳固性，第二，能真正致力于革新和改善机关。"① 关于执政党建设列宁晚年也有自己新的看法。列宁认为官僚主义是之前苏俄政权留下来的恶习，官僚主义不除社会主义就没有前途可言。列宁认为"最严重最可怕的危险之一，就是脱离群众"。② 他指出了党员质量在党的建设中的作用，强调"徒有其名的党员，就是白给，我们也不要"。③ 对于党内民主的认识，列宁分别在《关于赋予国家计划委员会以立法职能》和《怎样改组工农检查院》两篇文章中有所论述。他认为，"不实行充分的民主，社会主义就不能胜利"。④

在社会主义文化建设方面。针对当时苏联人民的文化水平较低的现实情况，列宁清醒地意识到较低的文化水平将影响社会主义建设。大部分农民的文盲现状既影响经济建设又影响政治建设。他指出，"文盲是处在政治之外的"。⑤ 同时，缺乏文化知识对合作制的发展也起到了阻碍作用。只有不断加强农民以及全体国民的文化素质，才能从根本上保证社会主义建设的顺利进行，才能保证社会主义经济建设、政治建设的不断深入。

列宁的创新思想启示我们，在旅游业制度建设中要有整体思维，把旅游业制度建设看成是联系的、全局的过程，重视其中每个链条的建设，进而形成我国旅游业制度体系。

三　毛泽东的制度创新思想

毛泽东作为提出马克思主义中国化的第一人，在中国革命和建设过程中以马克思主义思想为指导，结合中国实际创造性地提出了许多新的思路。在制度创新方面毛泽东有着卓越的贡献，为新中国的成立和新中国成立初期的社会经济建设作出了巨大贡献。"创新是一个民

---

① 《列宁全集》第 43 卷，人民出版社 1985 年版，第 363 页。
② 《列宁全集》第 42 卷，人民出版社 1985 年版，第 372 页。
③ 《列宁选集》第 4 卷，人民出版社 1972 年版，第 614 页。
④ 《列宁全集》第 27 卷，人民出版社 1985 年版，第 255 页。
⑤ 《列宁全集》第 33 卷，人民出版社 1985 年版，第 208 页。

族进步的灵魂，是一个国家兴旺发达的不竭动力，也是一个政党永葆生机的源泉。"① 可以说毛泽东是中国共产党创新思想的倡导者和实践家。

（一）毛泽东的革命创新理论

毛泽东在中国革命的长期实践中有许多理论创新，他发现了中国的实际情况与马克思、列宁理论中论述的区别。毛泽东指出，中国革命应该分两步走：首先应该解决的是从半殖民地半封建社会向新民主主义社会的过渡，其次才是建立社会主义社会。毛泽东指出，"只有认清民主主义革命和社会主义革命的区别，同时又认清二者的联系，才能正确地领导中国革命"。②

在《论联合政府》中毛泽东讲道："只有经过民主主义，才能达到社会主义，这是马克思主义的天经地义。而在中国，为民主主义奋斗的时间还是长期的。"③ 由于受到俄国十月革命的影响，中国共产党人一直尝试复制苏联的革命胜利方式，没有意识到当时中国与俄国的实际差别。毛泽东则认为，要想取得革命的全面胜利，必须走农村包围城市的道路。

在《反对本本主义》中，他明确指出，"马克思的'本本'是要学习的，但是必须同我国的实际情况相结合。我们需要'本本'，但是一定要纠正脱离实际的本本主义"。④ 革命过程中毛泽东思想的创新是理论联系实际的成果，也是共产党人在革命实践过程中的精华所在，此时的实事求是，理论联系实际思维也影响了以后的建国创新思想。

（二）毛泽东的人民民主专政理论

人民民主专政理论在毛泽东思想的创新实践中具有举足轻重的地位，正是人民民主专政的实施才让新中国有了较以往更为先进的领导

---

① 《中国共产党第十六次全国代表大会文件汇编》，人民出版社2002年版。
② 《毛泽东选集》第2卷，人民出版社1991年版，第652页。
③ 《毛泽东选集》第3卷，人民出版社1991年版，第1060页。
④ 《毛泽东选集》第1卷，人民出版社1991年版，第111—112页。

形式。马克思、恩格斯和列宁都提出，在革命取得胜利后建立无产阶级专政。列宁更是在苏联率先建立了无产阶级政权，取得了一党专政的胜利成果。

毛泽东在 1949 年 3 月的七届二中全会上明确了革命胜利后新国家的性质是："无产阶级领导的以工农联盟为基础的人民民主专政。"① 在《论人民民主专政》中再次指出，"总结我们的经验，集中到一点，就是工人阶级（经过共产党）领导的以工农联盟为基础的人民民主专政。这个专政必须和国际革命力量团结一致。这就是我们的公式，这就是我们的主要经验，这就是我们的主要纲领。"②

人民民主专政思想体现了毛泽东思想理论联系实际的创新精髓，只有结合中国实际，只有走符合发展的道路，才能将革命进行到底，才能让中国有更好的未来。人民民主专政理论是毛泽东思想的重要组成部分，是我们党在马克思主义中国化进程中的重大成就。

（三）毛泽东的国家建设思想

新中国成立后，毛泽东结合中国实际，以马克思主义思想为指导，提出了国家建设理论。首先，农业合作化思想。提出了"先合作化，后机械化"的观点，与苏联"先机械化，后合作化"的实践模式相区别。其次，在资本主义改造过程中，强调区分官僚资本主义与民族资本主义，强调将资本主义企业的改造与资本家的改造相结合，将资本家逐步改造成为普通劳动者。第三，找准当时的社会主要矛盾，通过当时社会各种问题的分析，更深刻地认识到在新中国成立初期的建设方向和发展方向。毛泽东指出："在社会主义社会中，基本的矛盾仍然是生产关系和生产力之间的矛盾，上层建筑和经济基础之间的矛盾。"③ 这一论断在很长的一段时间内指导了我国建设。

毛泽东首先明确提出了社会主义现代化建设的目标。党的七届二中全会时，毛泽东就提出："革命胜利后要迅速地恢复和发展生产，

---

① 《毛泽东选集》第 4 卷，人民出版社 1991 年版，第 1436 页。

② 同上书，第 1480 页。

③ 《毛泽东文集》第 7 卷，人民出版社 1996 年版，第 214 页。

使中国稳步地由农业国转变为工业国，把中国建设成一个伟大的社会主义国家。"①1954年，他明确了国家建设目标："我们的总目标，是为建设一个伟大的社会主义国家而奋斗。我们是一个六亿人口的大国，要实现社会主义工业化，要实现农业的社会主义化、机械化，要建成一个伟大的社会主义国家。"②

随着毛泽东的国家建设思想逐步成熟，毛泽东思想的日臻完善，不断地深入创新，领导了新中国的建设。这里提到的只是毛泽东创新理论的关键部分，他还在许多方面进行了创新和探索，在社会主义文化建设、改革开放思想和党的建设方面都有突出的创新思考。毛泽东思想的理论体系本身就是一个重大的创新过程，他能够从我国实际出发，以马克思主义思想为指导，坚持理论联系实际，强调求真务实的精神值得后人学习。历史也证明，中国共产党人一直在不断创新探索，不断丰富着马克思主义思想，走出了一条具有中国特色的社会主义道路。

根据毛泽东的制度创新思想，当前我国旅游业制度建设要高度重视创新发展，要开拓进取，坚持理论联系实际，以求真务实、真抓实干的精神推动我国旅游业制度建设。

四　邓小平的制度创新思想

作为中国改革开放的总设计师，邓小平坚持马克思主义的基本理论和方法，遵循马克思主义基本观点，致力于马克思主义制度创新。正是邓小平的创新思想彻底扭转了"文化大革命"的影响，让中国发展走上正轨，他强调的"和平发展"道路，符合当时的国际大环境。如果说毛泽东的创新思想改变了中国的命运，那么邓小平的创新思想则让中国的发展日新月异，改革开放后综合国力大大加强，从一个贫穷落后的国家，变成了一个令世界瞩目的经济强国。邓小平的制度创新理论主要分为三个方面：（1）以社会主义市场经济为核心的

---

① 《毛泽东选集》第4卷，人民出版社1991年版，第1437页。
② 《毛泽东文集》第6卷，人民出版社1996年版，第329页。

经济制度创新；（2）以民主为核心的政治制度创新；（3）在国家统一上创造性提出"一国两制"伟大构想。

（一）以社会主义市场经济为核心的经济制度创新

邓小平的经济理论是一个庞大而系统的理论体系。在尝试提出新的经济发展思想之前，邓小平首先解决了"什么是社会主义本质"这个基本问题。只有弄清了社会主义的本质，才能更好地建设社会主义。他精辟地指出，社会主义的本质是："解放生产力，发展生产力，消灭剥削，消除两极分化，最终达到共同富裕。"①邓小平关于社会主义本质的论断以马克思主义思想为基础，又进一步发展了马克思主义，深刻地认识到贫穷不是社会主义，两极分化不是社会主义，社会主义应该是实现共同富裕。要弄清社会主义的本质，关键是把握生产关系与生产力的辩证关系，邓小平强调把发展生产力作为发展社会主义的关键，纠正了以往脱离生产力简单从生产关系定义社会主义的错误论断。邓小平还指出，"社会主义财富属于人民，社会主义的致富是全民共同致富。社会主义原则，第一是发展生产，第二是共同致富"。②社会主义国家如何才能发展生产，实现共同富裕成为邓小平接下来思考的问题。

邓小平认为，当时的中国已经到了必须改革才能发展的时候，通过改革加快社会主义现代化建设，而改革的重心应该是尽快发展经济。对于长期以来人们把市场经济等同于资本主义，计划经济等同于社会主义的思想，邓小平有自己的深入思考。他意识到，马克思一百多年前的理论已经不能适应当下中国的环境。邓小平认为，只有结合中国实际才能走出一条适合中国的发展道路。首先邓小平突破传统思想束缚，开始考虑社会主义与计划经济的关系，他清醒地认识到，不能以是否是计划经济来单纯的定义社会主义。

邓小平在 1979 年就曾指出："说市场经济只存在于资本主义社会，只有资本主义的市场经济，这肯定是不正确的。社会主义为什么

---

① 《邓小平文选》第 3 卷，人民出版社 1993 年版，第 373 页。

② 同上书，第 172 页。

不可以搞市场经济？……市场经济，在封建社会就有了萌芽，社会主义也可以搞市场经济。"① 接下来邓小平又对此问题深入探讨，他最著名的论述是："资本主义与社会主义的区分不在于是计划还是市场这样的问题。社会主义也有市场经济，资本主义也有计划控制。"② 通过对资本主义与社会主义的本质不能以是否搞市场经济来判断的思考，邓小平坚定了社会主义要搞市场经济的信心。正是邓小平在这个问题上的创新思考，才让中国的改革有了新方向，让中国经济持续三十多年高速增长，从一个贫穷落后的国家变成了在世界舞台上举足轻重的社会主义强国。

（二）以民主为核心的政治制度创新

邓小平政治制度创新具有更为深远的意义。他深刻指出："我们所有的改革最终能不能成功，还是决定于政治体制的改革。"③ 由此可见，邓小平对政治制度创新的重视程度。邓小平的政治制度创新是以民主为核心的。民主是我党一直追求的目标，如何实现民主，如何体现民主一直是共产党人思考的问题。邓小平在谈到民主与社会主义、与社会主义现代化的关系时指出，"没有民主就没有社会主义，就没有社会主义现代化。"他认为："我们过去对民主宣传得不够，实行得不够，制度上有许多不完善，因此，继续努力发扬民主，是我们全党今后一个长时期的坚定的目标。但是我们在宣传民主的时候，一定要把对人民的民主和对敌人的专政结合起来，把民主和集中、民主和法制、民主和纪律、民主和党的领导结合起来。"④ 邓小平认为坚持四项基本原则是推进民主发展的前提，指出："如果离开四项基本原则，抽象地空谈民主，那就必然会造成极端民主化和无政府主义的严重泛滥，造成安定团结政治局面的彻底破坏，造成四个现代化的彻底失败。"⑤

---

① 《邓小平文选》第 3 卷，人民出版社 1993 年版，第 148 页。

② 同上书，第 364 页。

③ 同上书，第 164 页。

④ 《邓小平文选》第 2 卷，人民出版社 1994 年版，第 176 页。

⑤ 同上书，第 131 页。

　　邓小平另一个政治制度创新就是提出了党政分开的思想。在谈及政治体制改革时，邓小平有这样的表述："改革的内容，首先是党政要分开，解决党如何善于领导的问题。这是关键，要放在第一位。"①并说明了党委应该做什么，"党委如何领导？应该只管大事，不能管小事。党委不要设经济管理部门，那些部门的工作应该由政府去管"。② 通过党政分开的做法，让党委和政府的关系更加明确，党委负责制定大政方针，而政府则是具体实施党委的方针政策，这让政府的办事效率更高了，党委也从繁杂的工作中解脱出来。

　　邓小平还提出了精简机构、权力下放和干部人事制度等相关创新理论。对于当时存在众多政府机构的情况，邓小平认真做了思考，并一针见血地指出：如果再不精简机构，"不只是四个现代化没有希望，甚至于要涉及到亡党亡国的问题，可能要亡党亡国"。③ 在谈到政治体制改革时，邓小平明确指出政治体制创新的"第二个内容是权力要下放，解决中央和地方的关系，同时地方各级也都有一个权力下放问题"。④ 关于干部人事制度改革，邓小平也有自己的独到见解。他指出："关键是要健全干部的选举、招考、任免、考核、弹劾、轮换制度。"⑤ 正是邓小平关于干部人事制度的思考，让我国干部体系得到了规范，废除干部终身制、建立岗位责任制、干部能上能下制度以及干部异地交流制度等先进做法的实施，让干部队伍的发展更加健康有序。

　　（三）创造性提出"一国两制"伟大构想

　　"一国两制"是邓小平的重大理论创新，是中国特色社会主义实践过程中出现全新的概念，同时也马克思主义中国化的具体体现。"一国两制"的提出，让我国的和平统一大业有了新的理论依据。邓小平·在毛泽东"·纲四目"的基础上进·步发展和延伸，结合我国

① 《邓小平文选》第 3 卷，人民出版社 1993 年版，第 379 页。

② 同上书，第 177 页。

③ 同上。

④ 同上。

⑤ 《邓小平文选》第 2 卷，人民出版社 1994 年版，第 331 页。

实际和国际大环境创造性提出来的"一国两制"。"一国两制"的创新意义重大。

首先，"一国两制"发展了马克思主义的国家学说。在此之前，国家结构主要有单一形式和联邦制国家两种，我国自新中国成立以来一直是单一制国家，但随着香港、澳门回归日期的临近和台湾问题的长期存在，邓小平开始考虑如何才能更好地实现中华民族的统一大业。"一国两制"规定，香港、澳门和台湾在回归祖国后享有高度自治权。不但享有独立的立法权、司法权和审批权，还拥有发行自己货币的权力。在中国境内实行社会主义和资本主义两种社会制度，香港、澳门和台湾回归祖国后还坚持以前的社会性质不变，继续走资本主义道路。

其次，"一国两制"丰富了统一战线思想。马克思恩格斯在《共产党宣言》中明确指出："共产党人到处都努力争取全世界的民主政党之间的团结和协议。"① 以求同存异为核心的统一战线理论，能够最大程度团结一切可以团结的力量，共同取得革命和社会主义建设的胜利。"一国两制"思想的提出进一步扩大了爱国统一战线的范围，突出了民族精神和爱国主义思想，在爱国主义的号召下，统一战线不仅仅包括大陆工人、农民和其他社会主义劳动者以及爱国者，港澳台地区的同胞也将被纳入其中。

再次，"一国两制"充分利用了资本主义来促进社会主义。列宁指出："当我们国家在经济上还极其薄弱的时候，怎样才能加速经济的发展呢？那就是要利用资产阶级的资本。"② 苏联建国初期列宁在这方面做了思考，考虑用资本主义来促进社会主义的发展，随后就提出了"新经济政策"。实践证明，"新经济政策"确实帮助苏联迅速走出了困境，资本主义在一定程度上是能够帮助社会主义的，但是要看如何利用资本主义。中国改革开放后在沿海地区建立起一批经济特区，以"对外开放，对内搞活经济"为方针的经济特区，为我国经济建设作出了巨大贡献。香港和澳门的回归后同样起到了经济特区的

---

① 《马克思恩格斯选集》第 1 卷，人民出版社 1972 年版，第 285 页。
② 《列宁全集》第 31 卷，人民出版社 1987 年版，第 392 页。

作用，两地固有的市场经济已经形成，经济上对大陆的帮助不言而喻。在科技创新方面香港、澳门也比大陆地区更为先进，这样就进一步带动了大陆科技进步。邓小平在一次谈话中说："特区是个窗口，是技术的窗口，管理的窗口，知识的窗口，也是对外政策的窗口。从特区可以引进技术，获得知识，学到管理，管理也是知识。"① 实行"一国两制"以后的特别行政区，也是具有活力的经济特区。

邓小平的制度创新思想告诉我们，在旅游业制度建设中要以市场为导向，尊重社会主义市场经济的基本规律，不断地推进改革，实现旅游业制度建设的丰富和完善。

第二节　新制度经济学理论的基本观点

经济学家对新制度经济学研究始于 20 世纪六七十年代，以科斯、诺思、德姆塞茨和威廉姆斯为代表的经济学家为制度经济学发展奠定基础。新制度经济学以制度和产权作为主要研究对象，更加注重现实问题的研究，吸收了旧制度经济学和马克思主义制度经济学的观点和理论，在西方国家引起了广泛关注，同样也引起了我国经济学家的研究兴趣。新制度经济学研究者对马克思制度经济学有着细致而深入地研究，新制度经济学的重要代表人物诺思曾经高度评价马克思对制度经济学的贡献："在详细描述长期变迁的各种理论中，马克思的分析框架是最有说服力的，这恰恰是因为它包括了新古典分析框架所遗漏的所有因素：制度、产权、国家和意识形态。"② 马克思对新制度经济学的贡献显而易见，这对于我们研究新制度经济学是非常有利的。

新制度经济学之所以在中国以及世界范围内受到推崇，首先与其代表人物科斯、诺思获得诺贝尔经济学奖有直接关系，新制度经济学的影响力不断扩大。其次是因为当前世界经济发展并不稳定，经济危

---

① 《邓小平文选》第 3 卷，人民出版社 1993 年版，第 51—52 页。

② ［美］诺思：《经济史中的结构和变迁》，陈郁、罗华平译，上海人民出版社 1991 年版，第 68 页。

机经常出现，人们开始尝试用一个全新的角度研究经济发展。第三是因为中国正处于改革开放关键时期，经济发展在摸索中前行，尽管取得了前所未有的显著成果，但是如何能够保证经济在高速增长进程中朝着好的方向发展，一直都是国内经济学家的研究重点，新制度经济学以其新颖的思维方式受到了专家学者的高度关注。通过对新制度经济学理论的研究，可以看出其对我国旅游业制度建设具有重要的借鉴和启示意义，主要观点和理论有以下几个方面：

一　制度理论

制度理论在新制度经济学理论体系中具有举足轻重的地位，关于制度的探讨一直贯穿于新制度经济学的发展。对于我国制度的选择与创新显得尤为重要，新制度经济学家认为西方发达资本主义国家的经济制度、政治制度等方面优于发展中国家。诺思首先承认了技术创新是经济增长的动力，但是他认为如果没有制度创新和制度变革，通过一系列制度来巩固技术创新的成果，就不可能有经济的增长和社会的进步。所以，诺思认为制度直接影响了国家经济的增长和社会的发展进步。

关于制度的定义。新制度经济学在充分吸收旧制度经济学研究思想和成果的基础上，进一步丰富和发展了制度的内涵。有学者认为，制度是人们社会行为中遵循的规则，这些规则是被人们普遍接受的，这种规则通过两种渠道实现：人们自觉遵守和国家强制力保障实施。著名经济学家舒尔茨则认为："制度是一种行为规则，这些规则涉及社会、政治及经济行为。"[1] 从舒尔茨的论述中我们可以看出，他关于制度的考虑更加全面，他将制度类型划分为管理制度、交易制度、控制制度、生产制度和分配制度等。[2]

关于制度的主要功能。新制度经济学认为，制度的主要功能有十大方面：降低交易成本、帮助人们形成合力的预期、外部性内在化、提供便利、提供信息、共担风险、激励、抑制人的机会主义行为、减

---

① ［美］R. 科斯：《财产权利与制度变迁》，刘守英等译，三联书店1994年版，第253页。

② 李中：《我国经济发展方式转变中的制度创新》，博士论文，中共中央党校，2012年。

少不确定性和安全。制度的有效实施可以大幅提高生产效率和专业化程度，所以降低了产品生产成本，进而达到了降低交易成本的目的。新制度经济学认为，只要有交易成本，制度就会产生作用，而降低交易成本是制度的主要功能之一。新制度经济学认为，现实生活中人具有自私的一面，这样的本质直接导致人在社会经济活动中追求自身利益最大化，不可避免地采取各种手段来满足一己私利，而制度的严格执行能够杜绝这种行为，较好地约束个人行为。新制度经济学通过对人本性的研究认为，良好制度的实施能够起到激励作用，正是制度提供了激励机制。人通过经济活动中的积极努力和创新，既能满足自身的经济需求，又能达到自我提升的目的。

关于制度的构成。新制度经济学认为，非正式制度、正式制度和实施机制三个方面构成制度。非正式制度指人们在长期生活交往中形成的无意识制度，不具备强制性，包括意识形态、道德规范、伦理规范和风俗习惯等。正式制度指国家正式规定的政策法规，具有强制性和政策性，包括经济规则、契约和相关法律规定的行为规范，能够较好地约束人们的行为。实施机制的建立根源在于，交换的复杂度、人的有限理性和机会主义行为动机以及合作者双方信息的不对称。

我国旅游业制度建设实质上就是要解决旅游业发展的制度供给不足、制度设计不合理、制度结构不科学的问题，实现制度的体系化、科学化、实效化。为此，应该充分借鉴西方制度理论，在管理制度、交易制度、控制制度、生产制度和分配制度等方面加强旅游业制度建设，关注非正式制度、正式制度和实施机制的建设，同时重视发挥制度创新的功能和价值，在实践中严格执行各种相关制度。

二　交易成本理论

为探求交易背后的制度因素，康芒斯首先将交易作为新制度经济学研究的基本单位。康芒斯认为，制度是多次交易活动产生的结果，生产活动与交易活动不同，交易是人与人之间的活动，而生产只是人与自然之间的活动，交易和生产构成了全部经济活动。通过对交易活动的研究，新制度经济学更进一步深入研究交易成本，并认为正是制度的改变左右了交易成本的改变。

马修斯认为："交易成本包括事前准备合同和事后监督及强制合同执行的成本，与生产成本不同，它是履行一个合同的成本。交易成本同样也是机会成本，也可分为不变成本和可变成本。"① 较新古典经济学的交易费用为零的假设，新制度经济学的研究更具现实意义，将交易成本不为零的现实状况更多地融入经济问题研究，试图通过制度的改变来降低交易成本。新制度经济学将交易成本按照不同的用途分为市场交易成本、管理交易成本和政治交易成本。

市场交易成本主要指在市场交易活动中产生的费用，如市场信息的搜集、议价决策和监督执行过程中产生的成本；管理交易成本主要指企业在生产过程中执行制度产生的成本，如企业的组建和运转、维持和改变组织过程中的成本；政治交易成本则指多以国家形式出现的政治组织运行成本，如政体的建立和运行、维持和改变政治组织产生的成本。

可以说，新制度经济学对交易成本理论的研究具有重大意义，交易成本的研究贯穿在制度理论和产权理论等相关理论研究之中，对我国旅游业发展具有重要的借鉴意义。交易成本直接影响人对经济活动的选择，而准确的制度选择则能够降低交易成本。在我国旅游业制度建设中要充分重视交易成本理论的运用，实现交易成本的优化。

三　产权理论

产权理论同样是新制度经济学的重要研究成果。新制度经济学代表人物科斯在产权理论研究方面有着卓越的贡献，他的《企业的性质》和《联邦通讯委员会》两篇文章的发表标志着产权理论的诞生。科斯在另一篇著作《社会成本问题》中提出：如果市场机制是没有成本的，那么交易成本就不存在，也就是说不管产权如何界定，市场机制能够使得资源最优配置；相反，如果市场机制的运行是存在成本的，那么不同的产权界定也不能实现资源的最优配置。

---

① 刘刚：《新制度经济学主要理论简述》，《思想战线》2011 年第 37 期。

在科斯对产权概念和理论研究的基础上，更多的经济学家提出了自己关于产权产生的观点，目前看较为成熟的观点主要有以下三种。第一种观点认为，产权的产生是出于节约交易成本的目的；第二种观点认为，产权的产生原因是人口的增长；第三种观点则认为，私有权的产生源于商业活动的发展。可以看出新制度经济学更加关注的是私有权，这与马克思所关注的公有权有所不同。新制度经济学一直不承认公有权的存在，认为私有权是产权的表现形式，因此新制度经济学没有就公有权这个问题深入研究。

关于产权的基本属性，一般认为包括以下四点：排他性、可让渡性、约束性和可分解性。[①] 产权的排他性是所有属性中最为核心的属性，指产权主体在行使权力时具有的排斥任何其他产权主体的特性，其实排他性重点强调的仍然是私有权的特性。产权的可让渡性是产权主体可以通过交易将产权转让给他人使用，可让渡能够使产权主体实现收益权。产权的约束性表现在产权主体在使用产权或者交易产权过程中，受到国家法律、社会习俗和道德规范的约束，在产权主体对产权进行处置时，必须在不损害其他人利益的前提下进行。产权的可分解性主要体现在产权的组成实际上是多种权力的组合，这些权力既可以属于同一产权主体，又可以分属于不同产权主体。

党的十八届三中全会指出："产权是所有制的核心。健全归属清晰、权责明确、保护严格、流转顺畅的现代产权制度。公有制经济财产权不可侵犯，非公有制经济财产权同样不可侵犯。国家保护各种所有制经济产权和合法利益，保证各种所有制经济依法平等使用生产要素、公开公平公正参与市场竞争、同等受到法律保护，依法监管各种所有制经济。"[②] 这就为我国旅游业制度建设中的产权问题提供了政策指导和遵循。

---

① 王波：《中国旅游景区供给的制度经济学研究》，博士论文，北京交通大学，2007年。

② 《中共中央关于全面深化改革若干重大问题的决定》，人民出版社2013年版，第11页。

产权理论对我国旅游业发展至关重要，旅游业发展到现在的规模和程度，产权是否合理，已经成为影响旅游业发展的重要因素之一。我们要积极借鉴新制度经济学的产权理论，将其科学地运用到实践当中，实现我国旅游业发展中相关产权要素的合理化和规范化。

四　国家理论

新制度经济学代表人物道格拉斯·诺思认为："理解制度结构的两个主要基石是国家理论和产权理论。因为是国家界定产权结构，因而国家理论是根本性的。"[①] 由此可见国家理论的重要性，新制度经济学对"国家"这一概念的研究已经跨越了经济学领域，不仅对经济学产生了巨大贡献，也为政治学研究提供了新的思维方式。

首先，关于国家的起源。契约论认为，国家是人民通过签订契约产生的，在这样的国家，人们自愿作出让渡而产生国家，由国家保障个人利益不受损失和侵害。持有掠夺论（或者称剥削论）的学者则认为，国家是掠夺和剥削的结果，是统治者剥削被统治者的工具，国家不代表所有人的利益，而是统治阶级或者集体的代理机构。新制度经济学研究认为上述两个观点都是不全面的。诺思提出了"暴力潜能"分配论，更加具体地说明了国家的起源。诺思认为，"正是'暴力潜能'分配论使两者（契约论和掠夺论）统一起来"。[②]

其次，国家经济人假设。新制度经济学将国家视为和企业一样的组织，都以实现自身利益最大化为目的，所以将国家假设成"经济人"，认为国家实质上是一个为社会个体提供保护和公正而收取税金的经济组织。

再次，国家在产权制度中的作用。探索了国家的起源，又做了国家经济人假设，做这些铺垫归根结底还是为了研究经济问题，新制度经济学在认清国家本质之后又研究了国家的目的，认为国家的最主要

---

① ［美］道格拉斯·诺思：《经济史中的结构与变迁》，陈郁、罗华平译，上海人民出版社1991年版，第22页。

② 同上。

目的是通过制度的作用减少交易成本，从而使其税收增加达到国家经济利益最大化。那么，国家的存在是否能够促进经济发展呢？诺思这样认为："在使统治者（和他的集团）的租金最大化的所有权结构与降低交易费用和促进经济增长的有效率体制之间，存在着持久的冲突。这种基本矛盾是使社会不能实现经济持续增长的根源。"① 社会生产的最大化和统治者利益最大化相互矛盾，统治者肯定会放弃社会生产的最大化，这样就产生了无效产权制度，阻碍了经济的发展进步。

国家在产权制度中作用被新制度经济学家归纳为，界定和明晰产权和降低产权界定和转让中的交易费用。交易成本耗费大量资源。在今天的发达国家中，这些成本约占 GNP 的一半。② 国家作为第三种当事人身份出现，能够在合同的认定、生效、执行等情况下作为立法和执行机构主体，从而降低交易成本。

国家在制度创新和变迁上作用重要，国家通过改变宪法秩序促进制度变迁；通过加强知识存量的积累提高制度的供给能力；利用其强制性和规模经济的优势降低制度变迁的供给成本；干预有利于改变制度供给的持续性不足。所以，我国旅游业制度建设也要借鉴国家理论，需要强有力的国家干预和管理，充分发挥国家在旅游业制度建设中的重要作用。

第三节　科学发展观的制度创新理论

2003 年 7 月 28 日，胡锦涛在全国防治非典工作会议上指出，要更好地坚持协调发展、全面发展和可持续发展的发展观。这是胡锦涛首次做出关于科学发展观的论述。之后在十六届三中全会上正式提出科学发展观的概念，后来在党的十七大上对科学发展观做了系统阐

---

① ［美］道格拉斯·诺思：《经济史中的结构与变迁》，陈郁、罗华平译，上海人民出版社 1991 年版，第 25 页。

② ［美］埃瑞克·G. 菲吕博顿：《新制度经济学》，孙经纬译，上海财经大学出版社 1998 年版，第 245 页。

述，指出科学发展观的第一要义是发展，核心是以人为本，基本要求是全面协调可持续，根本方法是统筹兼顾。科学发展观是我们党又一次重要的制度创新。党的十八大进一步指出："科学发展观是马克思主义同当代中国实际和时代特征相结合的产物，是马克思主义关于发展的世界观和方法论的集中体现，对新形势下实现什么样的发展、怎样发展等重大问题作出了新的科学回答，把我们对中国特色社会主义规律的认识提高到新的水平，开辟了当代中国马克思主义发展新境界。科学发展观是中国特色社会主义理论体系最新成果，是中国共产党集体智慧的结晶，是指导党和国家全部工作的强大思想武器。"① 科学发展观作为中国特色社会主义理论体系的最新成果，实现了继承与创新的统一、理论与实践的统一、民族特征与时代精神的统一，既是党的指导思想，又是理论创新的典范。②

一　第一要义是发展是重大理论创新

科学发展观第一要义是发展，是继承了毛泽东思想、邓小平理论和"三个代表"重要思想的发展理念，又加入了新时期、新阶段的中国特色社会主义理论的重大理论创新。科学发展观首先强调的是发展，指出社会发展是我国应该一直坚持的首要目标。改革开放以来我们在"以经济建设为中心"的指导思想下，一切工作都在为经济建设服务，各地方政府都把经济增长作为主要执政目标，官员的政绩考核也以"GDP"论英雄。这样的发展模式的优点是我国经济实力的大幅提升，但是这样的经济增长模式造成的不良后果也显而易见。

发展理念的创新。科学发展观强调的是全面协调可持续的发展理念，第一次明确了为什么发展、靠谁发展、怎样发展等重大问题，在发展内涵层面对以往的发展理论作出重大理论创新。这与之前我们一直强调的为了发展而发展不同，为"发展"赋予了更多的内涵。科

---

① 胡锦涛：《坚定不移沿着中国特色社会主义道路前进为全面建成小康社会而奋斗》，人民出版社 2012 年版，第 11 页。

② 周发源：《科学发展观是理论创新的典范》，《湖南社会科学》2012 年第 6 期。

学发展观的发展理念强调了生产力的发展与人自身的发展相结合，更多地考虑人自身的发展，更多地强调发展方式的可持续性和科学性。传统的发展理念创造了工业社会的文明，却引发了环境破坏、资源过度开发、资源浪费等全球性问题。如果没有科学发展的理念将很难让中国的发展更进一步，所以说科学发展观的提出创新了发展理念，让我们的发展在正确的指导下继续前行，为中国特色社会主义建设提供了有力的保障。

发展模式的创新。科学发展观给我们展现了全新的发展模式，这种模式是以人为本，全面、协调、可持续的科学发展道路。科学发展观提出了经济、政治、文化、社会和生态文明"五位一体"的发展模式，在之前"三位一体""四位一体"的发展模式上进一步提升。科学发展观更多地考虑了环境对经济发展的承载能力，注意到如果不顾一切地单纯追求快速的经济发展，将带来严重的后果。科学发展观更加注重协调发展，强调发展的全面性和协调性，发展的眼光更加深远，让可持续发展的发展方式深入人心。

发展标准的创新。之前我们衡量发展的标准只是单纯地考虑发展速度一项指标，而科学发展观的提出让我们更加全面地去衡量发展效果。科学发展观明确指出，发展要以人为本，把人民是否得到实惠、人民精神物质需求是否得到满足、人民利益是否得到保障作为发展的出发点和落脚点，作为衡量发展成果的标准。科学发展观的提出让衡量发展的标准更加全面和科学，体现了我们党立党为公、执政为民的执政理念。

二 以人为本思想是重大思想创新

科学发展观创造性地提出了以人为本的思想，以人为本是科学发展观的核心思想。人类在社会发展中的作用，不仅仅是推动发展的实践主体，更是享有社会发展成果的价值主体，人的发展是实现个人价值的重要标准，只有让人自身发展得到体现，才能更好地体现社会发展的价值。"以人为本"这个科学发展观的核心，从一个全新的视角找到了社会发展的目的，去除了以往注重社会发展、抛弃人的发展的错误观点。让我们清醒地认识到，发展不应仅仅为了经济的发展，更是为人自身的发展；发展不是为了少数人的发展，更是为了绝大多数人的发展。

科学发展观的以人为本思想创新是坚持和继承了马克思主义的结果。马克思曾经设想，未来的新社会是"以每个人的全面而自由的发展为基本原则的社会形式"。坚持以人为本的科学发展观，既显示着对社会发展规律的充分尊重，又突出了人民群众创造历史的主体作用。邓小平也明确指出："共同致富，我们从改革一开始就讲，将来总有一天要成为中心课题。社会主义不是少数人富起来，大多数人穷，不是那个样子。社会主义最大的优越性就是共同富裕，这是体现社会主义本质的一个东西。"[1] 马克思和邓小平在对社会主义研究过程中都指出了人民利益的重要性，指出只有人民群众的共同发展才是社会主义的发展方向。科学发展观更进一步指出，人民的利益较其他利益相比最为重要，只有实现人的全面发展才能体现社会发展进步的优越性。

三　全面、协调、可持续发展是重大制度创新

道格拉斯·诺思认为，制度是创造财富的决定性因素。在之前的以经济增长速度衡量发展指导下的经济发展方式，已经不能适应当前我国发展的需要，全面、协调、可持续发展的理念将指导经济制度创新。在科学发展观的指导下，制度创新将全面考虑发展的内涵和发展的方向，保证经济、政治、文化、社会和生态的协调发展是经济制度创新的重点。新的经济制度更加全面，不再以"GDP"增长作为地方政府绩效考量的唯一标准。

全面、协调、可持续发展体现了制度创新中的传统与现代的关系。在我国有着较为复杂的历史背景，长期的封建制度、西方资本主义制度和苏联发展模式对我国的制度创新产生了一定影响。通过对全面、协调、可持续发展理念的阐释，确立了新经济制度的创新方向。既考虑了各种社会制度对我国的影响，又充分考虑了当前国内外形

---

① 《邓小平文选》第3卷，人民出版社1993年版，第364页。

势，创造性地回答了"如何建设社会主义"这个难题。

四　统筹兼顾是重大方法创新

新时期面临着新问题，改革开放后的经济持续高速增长遇到了瓶颈，如何能让发展更加健康有序，是我们党面临的又一重大课题。以胡锦涛同志为核心的党的第三代领导集体继承和发展了马克思主义，创造性地提出了统筹兼顾的发展方法论。党的十六届三中全会提出了统筹城乡发展、统筹区域发展、统筹经济社会发展、统筹人与自然和谐发展、统筹国内发展和对外开放的"五个统筹"思想。党的十七大又在此基础上提出了要统筹中央和地方关系，统筹个人利益和集体利益、局部利益和整体利益、当前利益和长远利益，统筹国内国际两个大局。

统筹兼顾的创新之处主要体现在以下三个方面：一是拓展了统筹兼顾的范围。科学发展观中强调的统筹兼顾内涵更加丰富，涵盖的领域更加全面。不仅包括了政治建设、经济建设、文化建设、社会建设和生态建设的统筹兼顾；还包括了城乡发展、区域发展之间的统筹兼顾；同时还提及了国内发展与对外开放、人与自然之间的统筹兼顾；更重要的是提出了当前利益与长远利益、局部利益与整体利益之间的统筹兼顾。二是提出了以人为本作为统筹兼顾的核心。以人为本思想充分体现了科学发展观的人本性。党中央指出，任何一个统筹前提都是以人为本，都是为了维护好、实现好、发展好人民的根本利益，不断满足人民日益增长的物质文化需求，让发展的成果惠及全体人民。统筹兼顾的发展方式也将以人为本作为重中之重，将人民的利益作为统筹发展的出发点和落脚点。三是充分继承和总结了我国的建设经验。通过60多年的建设，我国已经彻底改变了贫穷落后的形象，经济、政治、文化发展均取得了令世人瞩目的成就。但在这个发展过程中，我们也遇到了一个又一个困难，也曾经走了很多弯路。统筹兼顾的发展方法正是充分总结国家建设过程中的经验得出的正确结论，社会在发展过程中总会遇到各种各样的问题，这些问题都需要运用统筹兼顾这一根本方法去认识和解决。因此，只有坚持和运用统筹兼顾的方法去不断认识和解决这些问题，才能实现中国特色社会主义又好又快发展。[①]

当前我国旅游业制度建设，就是要以科学发展观为指导，坚持以旅游业参与主体为核心，以实现旅游业全面、协调、可持续发展为导向，以统筹兼顾为方法，以制度创新推动旅游业的科学发展。

第四节　旅游可持续发展理论

可持续发展理论是人类社会的一种新的先进的发展观，一种全新的经济社会发展模式，也是人类在自身发展上超越以往任何理论的最佳选择。旅游可持续发展是随着可持续发展这一划时代思想的出现，基于旅游业在发展中所产生的日益严重的经济和社会问题而提出来的。旅游可持续发展也成为可持续旅游，是可持续发展思想在旅游领域的具体应用，也是可持续发展理论的重要组成部分。[②] 旅游可持续发展理论兴起于 20 世纪八九十年代，旅游可持续发展的思想逐渐被人们所认同。1990 年，全球可持续发展旅游分会在加拿大召开，发布了《旅游可持续发展宪章（草案）》，并给出旅游可持续发展的定义：旅游可持续发展是引导所有资源管理既能满足经济、社会和美学需求，同时也能维持文化完整，基本的生态过程，生物多样性和生命支持系统。1995 年，联合国教科文组织、环境规划署和世界旅游组织在西班牙召开的“世界旅游可持续发展”会议，通过《旅游可持续发展宪章》和《旅游可持续发展行动计划》，标志着可持续发展模式在旅游业中主导地位的确定。[③] 1993 年《可持续旅游》杂志在英国诞生，标志着旅游可持续发展理论体系的形成。旅游可持续发展是未

---

① 叶山土：《论科学发展观对统筹兼顾思想的丰富和发展》，《马克思主义与现实》2010 年第 2 期。

② 兀晶：《论生态旅游与中国旅游业的可持续发展》，硕士论文，成都理工大学，2006 年。

③ 章杰宽：《国外旅游可持续发展研究进展述评》，《中国人口·资源与环境》2013 年第 4 期。

来的发展趋势，旅游对环境（自然资源）的依赖程度最高，旅游业在利用环境的同时也可能破坏环境，所以说旅游业的发展最应该贯彻可持续发展理念，应该作为落实科学发展观的重点领域。

一　旅游可持续发展的内涵

关于旅游可持续发展的内涵，学术界一直存在不同观点，可以看出虽然意见有所不同，但是分歧不大。国内比较有代表性的观点认为旅游可持续发展的内涵是，保证从事旅游开发的同时，不损害后代为满足其旅游需求而进行旅游开发的可能性；满足当代人旅游需求的同时，不损害子孙后代满足旅游需求的能力；在全世界范围实现旅游的环境资源保护目标、社会发展目标和经济发展目标相结合，在不超越资源与环境承载能力的前提下，促进旅游可持续发展，提高人们的生活质量；在保护和增进未来发展机会的同时，满足旅游者和旅游地居民当前的各种需求；在充分考虑旅游与自然环境、社会文化和生态环境相互作用和影响的前提下，把旅游开发建立在生态环境可承受能力之上，努力谋求旅游业与自然、文化和人类生存环境协调发展，并能造福于子孙后代的一种旅游经济发展模式。① 我们也可以通过研究旅游可持续发展的目标和原则，来阐述旅游可持续发展的内涵所在。

旅游可持续发展的目标。旅游可持续发展的目标在国内国外有着不同观点，国际上被大家认可的是 1990 年全球旅游大会提到的五大目标，这个标准较为全面地概括了目标。国内学者研究多以自身研究角度出发，很少能够得到被公众认可的研究成果。如徐琪认为，我国旅游业可持续发展的目标包括生态的持续性、旅游的持续性、社会经济的持续性三个方面内容。② 综合起来看，旅游可持续发展应该有以下目标：

一是努力发展和壮大旅游业。只有产业规模扩大了，才能为可持

---

① 兀晶：《论生态旅游与中国旅游业的可持续发展》，硕士论文，成都理工大学，2006 年。

② 徐琪：《旅游可持续发展对策研究》，《南京师范学报》1997 年第 4 期。

续发展创造更为有利的物质条件，才能在世界旅游业激烈的竞争中发展壮大。

二是实现旅游资源合理开发利用。良好的生态环境和旅游资源的永续利用是旅游业可持续发展的主要标志。为实现这个目标，对旅游资源应当在保护的前提下进行开发和利用。

三是充分发挥旅游资源优势。只有立足于合理开发利用，并施以科学管理，才不会破坏自然和社会生态，不会破坏独特的旅游资源，也能够促进旅游业的持续快速发展。

四是加强协调力求优化。旅游业可持续发展所追求的是人与自然、人与人、人与社会之间的和谐发展，是广泛涉及人与自然、人与人、人与社会诸多领域的复杂系统。只有妥善处理旅游业发展的局部和整体的关系，旅游资源保护与开发的关系，游客、居民、投资者和经营者的利益关系，才能通过综合协调，实现系统优化，取得最佳的经济效益和社会效益。

五是建立组织保障完整体系。为实现旅游业可持续发展，必须用可持续发展的新思想、新观点去影响和改变人类传统的发展方式，并建立政府主导，各方面积极参加，在环境、资源、文化、体制各领域，积极推进的运作系统。[①]

旅游可持续发展的原则。关于旅游可持续发展的原则不同的学者理解不同，但总的方向大多集中在环境保护原则、资源合理开发原则和利益共享原则等。总结和归纳学界各种观点，本书认为旅游可持续发展有以下原则：

一是资源合理开发原则。旅游资源可以用可再生资源和非可再生资源来区分。旅游可再生资源比较少，多数旅游资源是通过多年的积累和沉淀形成的，特殊地质地貌、植物动物稀有物种和历史古迹等资源都属非可再生资源。可再生资源虽然具有可再生性，但是因为再生能力有限也不能过度开发。这里要强调的是合理开发，对可再生旅游

---

① 兀晶：《论生态旅游与中国旅游业的可持续发展》，硕士论文，成都理工大学，2006 年。

资源的开发要控制在其再生限度范围内，对不可再生旅游资源更要珍惜和保护，减缓旅游资源的枯竭速度，并尽量寻求可替代旅游资源。

二是系统性原则。旅游业的发展不是独立的，要靠经济、社会和生态文明的共同发展来协调，因此要实现旅游可持续发展就必须注重其他产业的发展。旅游可持续发展需要社会各部门之间的协调发展，在相关条件不具备的情况下盲目发展旅游业是不能达到可持续发展目的的；相反限制旅游业的发展也会阻碍社会整体的进步，不利于国家（地区）的发展。因此，我们强调旅游可持续发展的系统性。

三是公平性原则。旅游可持续发展的公平性原则主要指人与人之间、国家与国家之间的平等关系。人与人之间的关系既指现代人之间的关系，也指人与人的代际间关系，现代人不能图眼前利益过度开发旅游资源，特别是不可再生旅游资源，造成后代的损失。旅游可持续发展的公平性原则有利于旅游资源的合理开发，人与人、国与国之间的公平是我们一直倡导的价值取向，公平地开发利用旅游资源能够创造更大的经济效益，有效地促进人类社会的共同进步。

二　旅游可持续发展理论的研究意义

我国旅游业正处于发展阶段，在这个阶段来研究旅游可持续发展理论对我国旅游产业的健康发展非常重要。旅游可持续发展理论能够正确指导我国旅游产业的发展，能够协调经济、政治、文化、社会和生态共同发展，有利于全社会的全面、协调、可持续发展。旅游业作为全球的朝阳产业在我国发展虽然只有短短 20 年的时间，但取得了突飞猛进的发展，然而，随着旅游业的发展，旅游业对环境、社会、文化的负面影响正逐渐被人们所认识。生态环境恶化、不良思想泛滥、传统文化遗失、管理体制混乱，旅游与环境、生态之间的矛盾越来越尖锐，挡住了我国旅游业前进的步伐。

关于旅游产业是"无烟产业"的误区由来已久，一直以来人们认为旅游业的发展不会像工业一样带来严重的污染，但是随着旅游业的发展我们发现并非如此。旅游业的大规模发展可能伴随着更多的污染和排放，这样的问题备受学者们的质疑，如何能够更好地促进旅游业的发展，将负面影响降到最低，成为旅游可持续发展理论关注的焦点。通过研究人们意识到旅游的负面影响不是旅游活动自身的问题，而是不恰当的发展模式造成的，只有建立健康的发展模式，才能有效地减轻旅游业的负面影响，才能实现旅游业的可持续发展。

旅游容量与承载力的问题我们一直都没有考虑过，正是通过研究旅游可持续发展理论我们才开始考虑这个不可忽视的问题。研究过后我们才发现之前的做法是多么的荒谬，由于我国人口众多、节假日又比较集中，造成我国大多数景区出现游客集中涌入的现象。之前我们一直认为景区能够无限接纳游客，没有考虑游客人数过多对旅游业的负面影响，超出景区承载力范围的时候对环境的破坏更加严重。旅游可持续发展理论要求旅游发展保持三大生态子系统的有机结合和三大效益的高度协调统一，实现生态环境的可持续、社会文化发展的可持续和旅游经济发展的可持续。[1]

研究并运用旅游可持续发展理论，有利于我国旅游制度的发展与创新。传统的发展观注重的是经济增长和效率，为了达到经济快速增长的目的可以不计任何后果，而旅游可持续发展则更多地强调发展的可持续性，在资源利用方面考虑更多的是社会公平和自然环境的承载力。旅游业要实现可持续发展必须有国家相应政策和制度的引导和约束，政府要扮演协调社会的经济活动以及平衡当前与未来利益的角色，发挥应有的作用来促进旅游业的可持续发展。相应的制度供给和创新能够起到市场不能替代的作用，对旅游业发展方向起到主导作用，对旅游业发展规模和速度的控制有利于生态环境的保护，同时还能够大幅提升旅游业从业人员的素质，从多个方面共同促进旅游的可持续发展。

---

① 吕君：《旅游可持续发展的本质及其研究意义》，《北方经济》2006 年第 6 期。

第三章　建设世界旅游强国制度创新的现状与问题分析

本章将系统地回顾我国建设世界旅游强国的发展历程，分析我国旅游业制度发展的现状，探究旅游业制度存在的问题，并探讨问题存在的原因。通过对现状与问题的分析，为下一步研究打下坚实的基础。

第一节　中国建设世界旅游强国的发展历程

新中国成立 60 多年来中国旅游业的发展经历了低起点起步、发展缓慢、快速发展各个阶段。研究中国旅游业也就是建设世界旅游强国的发展历程，我们能够从中看到政治因素、经济因素、社会因素、文化因素等多重因素对中国旅游业发展的影响。依据现有掌握的研究资料，可将 1949 年以来中国旅游业的发展划分为三个阶段。

一　低起点起步阶段 （1949—1977 年）

新中国成立初期，我国并没有将旅游业作为重要产业列为国家发展计划，这样的情况一方面与当时国内经济状况有关，另一方面也与国际大环境有很大关系。国内发展的主要精力放在了社会主义改造上，刚刚建国有许多政治、经济问题亟待解决，如何尽快去除封建主义和资本主义残余成为新中国成立初期的重点工作。国际上旅游业在此阶段发展也不够突出，世界范围内刚刚结束大规模的战争，处于动荡后的过渡期，导致发展旅游业的环境并不好。

一直到社会主义改造基本完成和抗美援朝胜利之后，国内政治经济状况趋于稳定，旅游业发展才受到党中央的重视。针对当时来华国际友人增多的情况，1954 年在周恩来总理的指示下，成立了中国国际旅行社。这是新中国成立后的第一家全国范围内的旅行社，而且在地方设立了分支机构，其主要业务是负责外宾在国内的服务工作。随着新中国国际地位的不断提升，与中国建立外交关系的国家逐渐增加，来华外宾人数不断攀升，中国国际旅行社的业务范围也不断扩大，从刚开始时的负责外宾的吃、住、旅行和票务业务，逐步与外国旅行社取得业务联系，开始承接自费旅行人员，为国家创汇作出贡献。特别是 1958 年国务院发布的《关于发展国外自费者接待工作和加强国际旅行社工作的通知》，要求各地、各部门支持中国国际旅行社开展自费旅游工作，使得国旅在这一阶段开始大量承接外国自费旅游业务，为国家创汇作出了更大的贡献。当年中国国际旅行社接待的自费旅行业务比上年增长了一倍，同时分支机构也迅速增加，从原来的 12 家扩充到 35 家，在全国范围内初步建立了一个旅游业务网。

从 20 世纪 60 年代初到"文化大革命"开始前我国旅游业得到了进一步发展，此阶段不论从旅游产业创汇总额还是从接待旅客数量上都得到了大幅提升。1964 年中国旅行游览事业管理局的成立，标志着我国旅游业发展步入正轨。国家旅游局隶属于国务院，主要负责外国旅游者的服务工作和领导全国各地旅游相关机构，并将对外宣传作为工作重点。到 1965 年我国全年接待外国旅客已经超过 12800 人，较上年翻了两番。然而旅游业较好的发展形势随着国内政治动荡而受到重创。"四人帮"全盘否定了旅游业的发展，关闭了著名景点和旅游区，解散中国国际旅行社的分支机构。到 1966 年来华旅游人数骤减，全年接待外国旅游人数仅 300 人左右，旅游业几乎走到了崩溃的边缘。

20 世纪 70 年代初，"文化大革命"继续影响着旅游业的发展，后来由于周恩来总理的重视和关怀，旅游业才重新得到发展。周恩来不仅多次强调旅游业发展的重要性，而且亲自参与旅游业发展工作，亲切接待外国游客，在国际上对中国旅游业做了大量推广工作。70 年代后期中国旅游业得到一定程度的恢复，首次接待了来自美国的自费游客，实现了中美旅游交往的重大突破。在国务院的关怀下，各地的中国国际旅行社得到恢复和重新设立。从新中国成立初期到70年代，尽管受到了政治风波的影响，中国旅游业还是得到了一定程度上的发展，旅游业产业结构基本确立。

二　改革开放后的新发展阶段（1978—2000 年）

1978年12月党的十一届三中全会确立了以经济建设为中心的发展思路，改革开放由此拉开序幕，中国旅游业也从此开始了新的发展历程。邓小平在1978年多次谈到旅游业的发展，促使我国旅游业发展思路从"外事接待"向"经济创汇"转变，确立了"以入境旅游为先导，以赚取外汇为目的"的发展思路。这一年国务院决定在未来三年内拨款3.6亿元加强旅游业基础设施建设，同时还成立了由14个部门负责人组成的领导小组。依据国家旅游局的组织形式在各地成立地方旅游局，加强了地方政府在旅游业发展过程中的管理职能。1978年，在旅客接待数量和外汇收入两个方面取得了重大突破，为改革开放后旅游业的发展奠定了坚实基础。

改革开放后国家逐渐加大了对旅游业发展的重视程度，不断有新的决定和文件出台，极大地促进了旅游业的发展。1981年10月国务院出台了《关于加强旅游工作的决定》；1984年7月国务院和中央书记处联合批准了国家旅游局《关于开创旅游工作新局面几个问题的报告》；1985年1月国务院批转了国家旅游局《关于当前旅游体制改革几个问题的报告》；1986年1月我国成立了中国旅游协会；1986年4月第六届全国人大第四次会议原则上批准了"七五"计划，将旅游发展正式列入我国发展规划当中，中央和地方将按照计划逐年安排旅游建设资金。1984年，我国旅游业实行了"四个转变"：性质由政治性转变为经济性；职能由领导型转变为服务型；经济成分由独家经营转变为国营经济为主导的多种经济形式并存；经营方式由封闭式等客上门转变为开放式经营。

1981年3月，国务院常务会议讨论了旅游业发展问题，提出了"积极发展，量力而行，稳步前进"的发展方针，并将"统一领导，分散经营"作为旅游管理体制的原则，强调在规划、政策、制度、纪律和协调五个方面上的统一。这一年还召开了首次全国旅游工作会议，会议强调了旅游工作的重要性，并根据当时国内国际的实际情况提出了我国旅游业发展的方针政策。1984 年国务院和中央书记处联合批准了国家旅游局《关于开创旅游工作新局面几个问题的报告》，明确了我国旅游发展的目标和任务，确立了 20 世纪末将我国建设成为世界旅游业比较发达的国家列为总的发展目标。1985 年《关于当前旅游体制改革几个问题的报告》中明确指出，我国旅游管理体制将采取"政企分开，统一领导，分级管理，分散经营，统一对外"的原则。体制改革将实现四个转变：（1）从以旅游接待为主向旅游开发与旅游接待并举转变；（2）从国际旅游为主向国内国际旅游共同发展转变；（3）旅游基础设施建设从国家投资向国家、地方、部门、集体和个人多渠道投资转变；（4）旅游管理单位从事业单位向企业单位转变，在旅游业发展中真正意义上实现"政企分开"。"四个转变"的实施在我国旅游业发展中具有非常重要的意义，是旅游业发展的重要转折点。1986 年国家"七五"计划中首次将旅游业单独体现，对旅游业发展的重视程度进一步提升。当时的国务院领导，在当年的全国旅游工作会议上指出，发展旅游业是创汇的三大支柱之一，要把发展旅游业列入国家以及各地政府的经济发展规划中。旅游业经过新中国成立以来三十多年的发展，首次被列入国家发展规划，从此旅游业发展揭开了新的序幕。同年，国务院还批准成立了中国旅游协会。中国旅游协会的成立促进了我国旅游业与世界的接触，中国旅游协会先后加入了世界旅行社协会联合会（UFTAA）及其所属的亚太地区联盟（UAPA）、美国旅行商协会（SATA）等国际旅游组织，对我国旅游业的对外宣传和对外合作起到了重要作用。纵观 20 世纪 80 年代我国旅游业的发展。首先，政府给予了足够的重视，旅游业从一开始仅仅是为外宾服务的小部门，发展到被列入国家经济发展计划的重要创汇三大产业之一。其次，此阶段旅游业的发展与我国经济状况持续转好有关，人民物质水平得到提升的同时，精神文化需求也在提升。到 1989 年由于我国再次出现政治风波，旅游业发展也受到了影响。

但是 1989 年旅游业受到的影响远远低于"文化大革命"的影响，并且随着 1990 年第十一届亚运会的召开迅速得以恢复。

1990 年至 20 世纪末中国旅游业又有了新的发展。这一阶段旅游业发展的基础更好，改革开放十多年的发展让中国不论是经济实力还是国际地位都大幅提升，国内政治局面稳定能够吸引大批国外游客，国民经济不断攀升，国内旅游业发展同样迅猛，另外在此阶段我国出境游客也有了突飞猛进的增长，在世界旅游市场中我国成为举足轻重的组成部分。在此阶段，国内旅游发展速度大于入境旅游，一方面是国内经济状况渐入佳境，人民对精神文化生活的要求进一步提高；另一方面从 1995 年开始的"双休日"、1999 年开始的"五一""十一"小长假政策刺激了国内旅游市场，居民集中涌向旅游景区也给旅游市场带来了很大压力。国内旅游市场的发展冲击了入境旅游的发展，整个旅游产业受到前所未有的考验。到 2000 年国内旅游接待达到 7.44 亿人次，较 1990 年的 2.8 亿人次增加了 165.7%。国内旅游收入从 1990 年的 170 亿元增加到 2000 年的 3175.5 亿元，增长速度大大超过 GDP 的增幅。国家旅游政策也随着旅游业的不断发展而改变，从一开始的"三不"政策过渡到"因地制宜、正确引导、逐步发展"的十二字方针。[1] 1998 年我国正式将旅游业确立为国民经济新的增长点，标志着我国旅游产业地位的再次提升。这一阶段旅游业的快速发展，为我国提出和推进建设世界旅游强国的目标打下了坚实基础。

三　加入 WTO 后高速发展阶段（2001 年至今）

进入 21 世纪，我国旅游业发展继续高速发展的势头，随着我国加入 WTO 和 2008 年北京奥运会的召开，我国旅游业进入一个新的发展时期。入境旅游人数的增加让我国旅游业在国际上的地位不断攀升，据联合国世界旅游组织公布的数据，2012 年中国已经成为继法国、美国之后的第三大最受欢迎旅游目的地。我国已成为日韩两国国

---

① 郑世卿：《中国旅游产业组织演化研究》，博士论文，上海社会科学院，2009 年。

民出境游的首选目的地，是法国国民在亚洲的最大目的地国，是俄罗斯国民出境游第三大目的地国。在 2008 年北京奥运会和残奥会成功举办之后，联合国世界旅游组织就预测，中国将在最受欢迎旅游目的地榜单中不断上升，有望于 2015 年超过法国成为全球最受欢迎的旅游目的地。

　　据国家旅游局统计，2011 年我国共接待入境旅游人数 13542.35 人次，比上年增长 1.2%，其中：外国游客 2711.20 万人次，增长 3.8%；香港游客 7935.77 万人次，与上年基本持平；澳门游客 2369.08 万人次，增长 2.2%；台湾游客 526.30 万人次，增长 2.4%。国际旅游收入达到 484.64 亿美元，较上年增长了 5.8%。[①] 据 2012 年 7 月 12 日中国旅游研究院发布的《中国入境旅游发展年度报告 2012》中显示，2011 年我国接待入境过夜旅游者人数和旅游外汇收入分别列世界第三位和第五位。我国国内旅游发展同样延续了良好的态势。出境游方面在 21 世纪迎来了新的突破，2003 年我国出境游人数达到 2022 万人次，首次超过日本成为亚洲第一出境游客源国。截至 2012 年 10 月我国已经批准 146 个国家和地区成为我国出境旅游目的地国，这一数字比 2001 年的 18 个增加了 7 倍多，足见出境游在此阶段迅猛的发展态势。2011 年我国出境游人数达到 7025 万人次，成为世界第三大出境消费国。2011 年我国经过多年的发展，我国居民出境游已经成为旅游产业中的重要组成部分，出境游未来将成为我国旅游业发展的新亮点。2011 年我国国内旅游人数达到 26.4 亿人次，较上年增长了 13.2%，国内旅游收入达到 19305 亿元人民币，较上年增长了 23.6%。[②]

　　1999 年国家旅游局在《中国旅游业发展"十五"计划和 2015 年、2020 年远景目标纲要》中，确立了在 2020 年把中国建成世界旅游强国的总目标。2000 年以后我国政府对旅游业发展更加重视。

---

　　① 数据来源：http：//www. cnta. gov. cn/html/2012 - 10/2012 - 10 - 25 - 9 - 0 - 71726. html，2013 - 6 - 9.

　　② 同上。

2001 年国务院召开全国旅游发展工作会议，同时下发了《国务院关于进一步加强旅游业发展的通知》（国发［2001］9 号文件），从国家层面促进了旅游业的发展。同年，国家旅游局和国家发改委联合召开了发展旅游扩大就业工作会议，旅游业在促进就业方面的作用受到重视。2003 年 10 月，温家宝在北京举行的世界旅游大会上明确提出"要把旅游业培育成为国民经济的重要产业"；① 2006 年，我国制定了旅游业发展的"十一五"规划纲要，明确了将旅游业培育成国民经济主要产业的发展目标。与此同时，各省（直辖市、自治区）出台了 60 多个关于发展旅游业的意见和建议，并且有 27 个省（直辖市、自治区）将旅游业确定为未来发展的支柱产业、主导产业。2007 年我国旅游业总收入突破万亿元大关，这比国际旅游组织预测的 2015 年提前了 8 年时间。正如国家旅游局局长邵琪伟在 2008 年全国旅游工作会议上讲道的："全国有 27 个省区市把旅游业确立为支柱产业、先导产业或第三产业的龙头产业。全年有 14 个省区市以党委、政府名义，召开了旅游产业发展大会或旅游工作会议。……与此同时，中央和国家机关各相关部门进一步加大了对旅游业的支持力度。"② 2008 年的北京奥运会、残奥会，2010 年广州亚运会、上海世博会等大型国际活动，有力地促进了我国旅游业的发展，不断吸引全球目光，让我国旅游业的地位在国际上不断提升。这一阶段我国更加注重打造中国旅游业的形象，国家旅游局推出了以"飞廉铜马"为范本的"天马"形象的中国旅游标志；2011 年 4 月国务院决定将每年的 5 月 19 日定为中国旅游日；与各国政府联合举办的"旅游年"活动等，都对宣传我国旅游业起到了促进作用。2014 年 7 月 2 日召开的国务院常务会议，确定了促进旅游业改革发展的一系列政策举措，为旅游业的转型升级指明了方向。在我国经济下行压力加大的困难当中，旅游

---

① 许志峰、龚雯：《世界旅游组织第十五届全体大会在京开幕》，《人民日报》2003年 10 月 20 日。

② 邵琪伟：《在 2008 年全国旅游工作会议上的讲话》，《中国旅游报》2008 年 1 月23 日。

业一枝独秀、亮点频现，在很多方面起到了支撑和拉动作用。

旅游业的发展同样促进了旅游基础设施的建设，从一开始的小打小闹到如今的大规模兴起，我国旅游业的发展促进了社会各个方面的发展。为了适应旅游业的快速发展，交通运输业作出积极反应，铁路、公路和民航的发展在 21 世纪取得了更大的成就。铁路方面，我国已经建成以北京为中心的 8 小时高速铁路网，计划到 2020 年形成"四纵四横"的高速铁路基本框架。公路方面，我国已经于 2007 年实现了"五纵七横"的国道干线建设，2012 年年底我国高速公路里程达到 9.62 万多公里。民航方面，到 2010 年年底，我国的民用机场数量将增加到 175 个左右，民用航空业的发展使得机票价格更加低廉，游客出游成本进一步降低，大大促进了旅游业的发展。此外，星级饭店产业进一步发展，为旅游业发展起到了推动作用。截至 2011 年，我国共有星级饭店 13513 家，近些年兴起的快捷酒店连锁机构，同样为拉动旅游业发展作出贡献。到 2011 年末，全国纳入国家统计局统计范围的旅行社共有 23690 家，比上年末增长 4.0%。

当前，实现"一带一路"的旅游愿景令旅游界振奋，协调推进"四个全面"战略布局给中国建设世界旅游强国提供了难得机遇。旅游业对于拉动内需、扩大就业、促进经济结构调整、改善生态环境、扶贫致富以及在西部大开发和东北老工业基地振兴中的地位和作用已经受到越来越多、越来越强烈的关注和重视。自从 1999 年国家旅游局提出到 2020 年把中国由世界旅游大国发展为世界旅游强国以来，中国旅游业总体呈现加快发展态势。2012 年，中国旅游业总收入达到 2.57 万亿元，同比增长 14%，占 GDP 比重为 4.95%，出境游对世界旅游市场贡献率超过 7%，已经成为世界第三大出境客源国和第三人旅游目的地国，逐渐接近世界旅游强国目标。

第二节　中国旅游业的制度建设现状

我国旅游业发展 30 多年以来，制度建设一直指导着产业发展。制度的优劣直接影响产业发展质量和速度，本节将从不同角度研究我国旅游业的制度建设现状，从宏观到微观，从国家政策到地方政策，从旅行社管理制度到导游管理制度等多方面考虑我国旅游制度现状。

一　国家制度方面

我国旅游业从 20 世纪 50 年代开始经历了近 60 年的发展，已经成为我国经济发展的重要组成部分，正从旅游大国向旅游强国迈进。旅游业的发展受到国家制度的影响非常大，国家旅游管理机关的建立和发展，国家政策的不断出台，旅游业相关法律法规的制定，这些都直接或间接地推动着旅游业的发展与壮大。

（一）国家旅游业管理机构

我国旅游业的最直接管理机构是中华人民共和国国家旅游局。国家旅游局的职能发展至今已经非常明晰，旅游业的相关制度制定和政策法规的出台都由国家旅游局来承担。国家旅游局是国务院直属机构，下设 5 个直属事业单位（信息中心、中国旅游出版社、中国旅游报社、中国旅游研究院和机关服务中心）和 7 个主管社团（中国旅游协会、中国旅行社协会、中国旅游饭店业协会、中国旅游车船协会、中国旅游协会旅游教育分会、中国旅游协会旅游温泉分会、中国旅游报刊协会），并对地方旅游局进行领导。

国家旅游局与国际旅行社分离，成为国务院的直属机构，较之前的外交部代管局在行政级别上有一定提升。将企业职能剥离后，国家旅游局更多的是行政职能，工作关系更加理顺，对全行业的管理和监督功能更为突出。1998 年，按照国家关于国有资产管理体制改革的总体要求，国家旅游局直属企业与机关剥离，国家旅游局彻底从管企业具体事务中解脱出来，形成完全的行政管理职能体系。从国家旅游局机构调整和职能改变来看，经过两次重大变化和多次小的变动，国家旅游局的职能更加具体，不断从微观管理向宏观管理过渡。可以说经历多年的发展，国家旅游局在体制改革不断深化过程中，职能更加明确，工作范围更加明晰。国家旅游局现在的主要职能是：制定旅游业发展的方针、政策；组织协调旅游相关政策的落实和执行；制定并向国务院和全国人大申请旅游业相关法律法规的制定；对全国旅游业发展进行监控和统计工作；对旅游景区和旅游业相关企业进行认证和定级；制定旅游业从业人员的职业资格制度和等级制度，并对相关人员进行教育和培训等方面的工作。

（二）国家旅游业政策

旅游政策的制定和出台有利于规范旅游市场，提高旅游业的经济效益，保证旅游者的正当权益。正确有效的旅游政策能够促进旅游业的发展，经过多年的发展，我国目前在旅游政策制定方面取得了显著成果，有效地发展和促进了旅游产业。旅游产业政策的实质是通过政府对产业活动的干预影响资源在产业中的分配，从而实现政府的政策目标。[①] 国家政策直接影响到产业制度的制定，政策直接调控产业结构和产业发展方向。我国旅游产业政策的出台来自多个方面，国务院发布的文件、五年计划、党代会和人民代表大会文件和国家旅游局发布的导向性文件都具有政策指导意义。研究旅游制度首先要明晰国家政策导向。2000 年以后，我国先后制定了多个旅游业发展政策，2000 年《关于进一步做好假日旅游工作的若干意见》；2001 年《国务院关于进一步加快旅游业发展的通知》；2004 年《2004—2010 年全国红色旅游发展规划纲要》；2005 年《中国旅游业发展第十一个五年规划纲要》；2007 年《国家旅游局、农业部大力推进全国乡村旅游发展的通知》；2007 年《关于进一步促进旅游业发展的意见》；2008 年《全国生态旅游发展纲要》；2009 年《国务院关于加快发展旅游业的意见》；2011 年《中国旅游业"十二五"发展规划纲要》等这些都属于国家旅游业政策之列。从微观上看，我国制定了景区评价体系、饭店星级评价体系、旅行社评价体系和导游培训教育体系，这些具体的制度安排在规范旅游市场、促进旅游业发展中起到了积极作用。

目前，我国旅游政策更具针对性和实效性。国务院、党中央以及国家旅游局对我国旅游业发展非常重视，21 世纪以来发布的政策指导性文件更加具体。不仅规划了我国旅游业发展的总体目标和方向，也关注了某一方面的发展道路，这些年出台的文件既有一段时期内旅游

---

① 郑少林：《我国旅游产业经济研究综述》，《经济研究导刊》2006 年第 5 期。

业的发展规划，也有像生态旅游、红色旅游这样新兴旅游模式的发展指导。《中国旅游业"十二五"发展规划纲要》（简称《纲要》）的制定对我国当前旅游业发展具有绝对的指导意义。《纲要》指出，"十二五"期间我国旅游业发展的目标是：到"十二五"期末，旅游业初步建设成为国民经济的战略性支柱产业和人民群众更加满意的现代服务业，在扩内需、调结构、保增长、惠民生的战略中发挥更大功能；我国旅游业在世界旅游业格局占据更重要的地位，在国际旅游事务中的影响力进一步提高，建设世界旅游强国迈出坚实步伐。旅游服务质量明显提高，市场秩序明显好转，可持续发展能力明显增强，力争 2020 年我国旅游产业规模、质量、效益基本达到世界旅游强国水平。① 建设世界旅游强国的政策导向已经明确提出，接下来的一段时间内我们将向着这一目标迈进。国家旅游业方面的政策也将紧紧围绕建设世界旅游强国这一目标出台，有了良好的政策导向，就能够产生适合旅游业发展的各种制度，有了制度的规范和约束，我国旅游业才能实现又好又快发展。

（三）相关法律法规

旅游业涉及很多部门，包括的产业也比较多，餐饮、交通、住宿、娱乐、购物和游览等方面都与旅游业有着密切联系。因此，旅游业相关的法律法规也比较多，不仅包括单纯特指的旅游业法律法规，《合同法》《消费者权益保护法》《民用航空法》《文物保护法》等相关法律也对旅游业发展有约束作用。这里我们不对相关产业法律进行研究，单纯考虑旅游业相关法律法规。改革开放后，我国旅游业经过30 多年的发展，旅游业法律体系不断完善。截至目前，我国已经制定并执行的旅游法规、规章超过 40 项，这些由国家机关发布的法律法规，对旅游业的规范发展起到了积极作用，在规范旅游市场、解决旅游纠纷和保障旅游业发展等方面作出了贡献。国家级旅游业法律法规的出台还指导了地方相关法律法规的制定。

尽管我国旅游业法律法规体系建设不断完善，但是缺少基本法的

---

① 《中国旅游业"十二五"发展规划纲要》，见 http：//wenku. baidu. c，2012. 3. 4.

问题一直限制着旅游业的发展，长期以来不论是旅游业从业人员还是这个领域内的专家学者一直在呼吁，建立我国的旅游基本法《中华人民共和国旅游法》。旅游基本法能够有力地协调各个部门共同发展旅游产业，改变之前各归其主的管理状态。以旅游景区为例，不同的旅游景区可能划归不同部门管理，有林业部门管理的、有民政部门管理的、也有市政部门管理的，这样不理顺的管理方式阻碍了旅游产业的发展，让旅游企业无从下手。其实早在 1982 年我国就开始了《中华人民共和国旅游法》的起草工作，并于 1988 年将旅游法列入七届全国人大常委会立法规划，但是由于种种原因一直没有出台。[①] 一直到 2013 年 4 月 25 日十二届全国人大常委会第二次会议才通过了《中华人民共和国旅游法》（以下简称《旅游法》），自 2013 年 10 月 1 日开始施行。刚刚通过的《旅游法》共分十章一百一十二条，对旅游者、旅游经营、旅游服务合同、旅游安全等方面进行了详细的规范和说明。《旅游法》的出台让旅游业发展更加顺畅，由于旅游业是个长产业链产业，涉及国务院 20 多个部委和 110 多个产业，现行管理体制没有能力协调这么多的部门和产业，所以新出台的《旅游法》规定，国务院建立健全旅游综合协调机制，对旅游业发展进行综合协调。县级以上地方人民政府应当加强对旅游工作的组织和领导，明确相关部门或者机构，对本行政区域内的旅游业发展和监督管理进行统筹协调。[②]《旅游法》的出台弥补了一直以来的法律空缺，对旅游业制度建设将起到积极的促进作用。

二 地方旅游业制度方面

国家层面制定的旅游制度，只能在大方向上规范和引导旅游业的发展，具体到旅游业的发展和旅游活动的开展还要靠地方政府出台的管理制度。这里我们主要从当前地方旅游管理机构和地方旅游政策两个方面考量地方旅游业制度。

---

① 李小健：《旅游法诞生记》，《中国人大》2013 年第 5 期。
② 赵超：《权威人士解读旅游法》，《旅游时代》2013 年第 7 期。

（一）地方旅游业管理机构

1984年中共中央办公厅和国务院办公厅联合转发了国家旅游局《关于开创旅游工作新局面机构问题的报告》，明确指出"加快旅游基础设施建设，采取国家、地方、部门、集体、个人一起上，自力更生和利用外资一起上的方针"。这就是我们所说的"五个一起上"政策。从此，拉开了中央机关简政放权，地方政府接手管理的序幕，地方旅游管理机构的职能被具体化，对当地旅游业发展起到了指导和规范作用。

北京市旅游局率先迈出了旅游业体制改革的第一步，1986年北京市委、市政府赋予了北京市旅游局管理和监督旅游业发展的权力和职能。在得到授权后北京市旅游局大胆创新，1987年先后出台了《关于确定接待入境旅游团购物定点商店有关问题的通知》《关于确定接待入境旅游团定点饭店的通知》《关于确定接待入境旅游团定点餐馆的通知》等相关文件。北京市旅游局的这些举措在促进和规范旅游业发展工作中取得了巨大成功，对其他省份体制改革也作出了示范作用，各个省（直辖市、自治区）结合当地实际情况进行了行政体制改革。另外，国家旅游局在发布各种文件的时候往往会注明，各省、自治区、直辖市旅游局可根据本办法，结合本地区的实际情况制定实施办法，并报国家旅游局备案。这样一来，各省级旅游管理机构有了更大的职权空间，不断出台适合自身发展的规章制度以及相关法律法规。作为旅游业发展速度较快的广东省，于2002年1月25日颁布了《广东省旅游管理条例》，又于2011年颁布了《广东省县级旅游行业管理暂行规定》，这些文件的颁布都体现了省级旅游管理机关在当前旅游业发展中发挥的重要作用。

（二）地方旅游业政策法规

地方旅游政策法规是对国家旅游政策法规的有力补充，与国家制定的旅游业政策共同构建了我国旅游制度体系。地方制定旅游政策的出发点与国家不同，还存在着这样或那样的问题，但是从促进旅游业发展的角度看还是起到了积极的作用。从地方旅游业政策法规发展来看，首先地方政府做的一个工作就是与中央一致的政企分开工作。体制改革前，我国一半以上的旅游企业由政府举办，旅游举办单位属于事业单位序列，不论是旅行社还是饭店都存在这种现象。体制改革过程中地方将与旅游相关的企业从政府序列中剥离，旅行社、饭店成为自负盈亏的企业，地方旅游局改变自身管理旅游业经营又参与旅游业经营的尴尬局面，真正成为旅游业的"管理者"和"裁判者"。目前情况看，我国旅游市场比较合理，不仅存在像中国国际旅行社这样大的旅游集团公司，也存在各地组建的只负责地方旅游业务的地方性旅游企业。由地方政府控制和经营的旅游企业已经从旅游市场中退出，这样有利于完善我国社会主义市场经济体系。地方旅游业政策法规还规范了旅游资源产权，让旅游产权更加明晰，旅游市场更加规范。各省级政府先后出台关于明晰旅游资源产权的文件，将所辖区域内旅游景区的经营权或租赁或转包给有实力的股份制公司来经营，旅游资源产权的改变进一步推进了政企分开工作，有利于引入更多的资本共同开发旅游景区，促进了旅游业的发展。地方政府还根据国家相关法律法规制定适合本地发展的实施细则，在旅游景区评级工作、星级酒店评级工作、旅行社星级评级工作和旅游从业人员资格认证方面均有各自的执行办法，这些具体的规章制度规范了本地旅游市场，对旅游业的健康发展起到了积极的推动作用。

以黑龙江为例，2013年12月黑龙江省委宣传部、黑龙江文化体制改革和发展工作领导小组办公室、黑龙江旅游局联合印发了《黑龙江省"十二五"时期文化旅游业发展规划》《黑龙江省"十二五"时期会展业发展规划》。《黑龙江省"十二五"时期文化旅游业发展规划》科学分析了黑龙江省旅游业发展的现实基础和发展环境，提出黑龙江省旅游业发展的总体思路是以重大项目带动产业发展，推进文化资源向旅游产品转化，丰富旅游的文化内涵，培育和提升文化旅游品牌，拓展文化旅游市场，加快文化旅游业的产业化过程，扩大文化旅游业的影响力和竞争力，提出黑龙江省旅游业发展要坚持理念创新、坚持经济效益与社会效益相统一、坚持整合资源、坚持融合发展科技带动、坚持政府引导与市场并重的基本原则，实施转型升级战略、品牌引领战略、创新突破战略、项目带动战略、产业链延伸战略，明确要采取优化文化旅游产品结构、打造文化旅游品牌、拓展文化旅游市场等措施推动旅游业发展。《黑龙江省"十二五"时期文化旅游业发展规划》还规定了黑龙江旅游业的发展布局与功能定位，确定了"一核、两翼、三圈、一带"。一核：依托哈尔滨，重点打造以冰雪文化、欧陆文化、音乐文化、消夏文化、工艺美术文化、创意文化等为内容，具有较强集聚力、辐射力、牵动力的文化旅游核心区。两翼：由哈尔滨向西北延伸至大庆和齐齐哈尔，向东南延伸至牡丹江和鸡西，形成以大庆石油文化、齐齐哈尔鹤文化、牡丹江唐渤海国历史文化、鸡西新开流文化为重点的两翼文化旅游区。三圈：依托大兴安岭、伊春、黑河、绥化，重点打造以生态度假、休闲观光、养生保健文化等为主要内容的生态文化休闲圈；依托佳木斯、双鸭山、七台河、鹤岗，重点打造以民族文化、红色文化、北大荒文化等为主要内容的历史民俗文化圈；依托黑瞎子岛及周边资源，重点打造以边境经贸、文化娱乐等为主要内容的中俄国际文化交流圈。一带：沿黑龙江和乌苏里江一线，依托漠河、黑河、瑷珲、嘉荫、萝北、同江、抚远、饶河、虎林、密山、绥芬河、东宁等口岸，重点打造以界江风情、跨国游等为主要内容的边境特色文化旅游带。《黑龙江省"十二五"时期文化旅游业发展规划》规范了产品开发和市场营销，根据黑龙江省文化旅游资源特征及开发方向，打造冰雪文化旅游、生态文化旅游、边境文化旅游三个一级文化旅游产品，培育历史文化旅游、民族民俗旅游、红色文化旅游、石油文化旅游、北大荒文化旅游、矿山工业文化旅游、火山文化旅游七个二级文化旅游产品，构建层次分明、重点突出的文化旅游产品结构；设计十大主题精品线路：冰雪文化激情之旅、多彩生态畅游之旅、边境文化风情之旅、历史文化探索之旅、民族民俗体验之旅、红色经典穿越之旅、石油文化品味之旅、农垦文化休闲之旅、工业文化感悟之旅、火山文化奇迹之旅。《黑龙江省"十二五"时期文化旅游业发展规划》规定了旅游业产业发展机制，分为产业发展指导机制、产业项目激励机制、集团整合开发机制、项目融资专项机制、服务设施升级机制、口岸通关促进机制、联合营销推介机制、智慧旅游推广机制，规定了政策保障、人才保障、资金保障、科技保障等保障措施。《黑龙江省"十二五"时期文化旅游业发展规划》是黑龙江省旅游业制度建设的重要成果，对旅游业发展进行了多方面的规范，指导黑龙江省旅游业又好又快、更好更快发展。

三　旅游企业制度

旅游企业制度可以从两个方面来研究，一方面是政府对旅游企业的规范管理制度，另一方面是企业自身的管理制度。国家对旅游企业的管理是否规范直接影响旅游业的健康发展，只有规范有效的管理、公平公正的执行才能促进旅游企业的发展。旅游企业自身制度是否先进有效，直接影响企业的发展与壮大，旅游企业从事行业的特殊性让其具有其他企业并不具备的特点，但是要想成为现代化的大企业就要在制度创新上多做文章，所以研究我国目前旅游企业制度现状是十分必要的。

从政府管理制度看，我国不断出台新的政策和相关法律法规来规范旅游企业行为，经过多年的实践和探索已经初步形成了一套切实有效的管理体系。国家关于旅游企业管理方面做出了诸多规定，从旅游标准化工作就能看出我国对旅游企业管理的重视程度。截至 2012 年上半年，我国共出台旅游业国家级标准 22 项，行业标准 18 项，地方标准达 200 多项，旅游企业标准 2 万余项。旅游标准化工作还促进了旅游相关标准的修订与完善，这项工作的实施进一步促进了我国旅游市场健康有序发展，2003 年我国修订了《旅游景区（点）质量等级的划分与评定》，2009 年修订了《内河旅游船星级的划分与评定》，2011 年修订了《旅游饭店星级的划分与评定》，2011 年修订了《导游服务规范》等相关规章制度。这些工作的落实都进一步规范了旅游业相关企业的经营活动，对旅游企业健康发展起到了推动作用。我国对于旅游企业的监管力度逐年加大，国家旅游局联合中国消费者协会，受理旅游投诉并对损害消费者权益的旅游企业进行处罚。不诚信旅游企业黑名单制度的实施，能够有效治理旅游企业的不正当经营行为，对不诚信旅游企业进行统一曝光，让消费者在旅游消费过程中建立正确的权利保障意识，这些制度的实施在管理旅游企业工作中作用显著。严格旅游企业准入制度，建立旅游企业评级制度，曝光不诚信旅游企业等一系列积极有效的旅游企业管理制度的实施，在促进我国旅游业发展过程中都起到了积极作用，国家对旅游企业管理力度的加大，从另一个角度证明了我国对旅游业发展的重视程度。

我国旅游企业努力提高自身竞争力，在国内国际市场占有更多的市场份额，是实现我国旅游强国建设目标的重要途径。从现有旅游市场看，我国旅行社发展已经从之前的大公司垄断经营向现代企业竞争经营转变。20世纪80年代，我国的三大旅行社：中国国际旅行社、中国旅行社和中国青年旅行社，几乎占据了旅游市场80%的份额。经过多年发展，在社会主义市场经济体制不断完善的背景下，旅行社的竞争更加激烈，几乎每年的旅行社排名都会有变化，一些经营不善的旅行社自然被市场所淘汰。2012年全国百强旅行社最新排名中前三位分别是：上海春秋国际旅行社有限公司、广东省中国旅行社股份有限公司和中青旅控股有限公司，中国国际旅行社总社有限公司已经从业界第一的位置下降到第八名。从中国旅行社发展历程来看，更先进的管理制度是促进旅行社发展的必要手段，上海春秋国际旅行社有限公司从成立开始就致力于企业管理制度建设，设有严格的质量监督管理机制，一方面是自身管理水平的不断提升，另一方面是上海近些年大型文化体育活动的促进作用，上海春秋国际旅行社有限公司得到迅速发展和壮大。

旅游业企业不单指旅行社，还包括与旅游业相关的饭店业、民航业等相关产业。21世纪以来我国饭店业发展势头良好，星级饭店数量不断攀升，快捷连锁酒店的兴起也促进了旅游业的发展，但是从总体上看我国饭店业还没有形成具有国际竞争力的大集团，不具国际市场竞争优势。民航业的制度创新和改革很大程度上促进了我国旅游业的发展，民营资本的引入、航空公司股份制改革等有效措施的实施，让民航业竞争日渐激烈，飞机票的折扣也越来越大，这样从中受益的是乘客，旅游业具有高效性和时间上的紧凑性等特点，民航企业的发展在我国旅游业发展进程中起到了推动作用。

四　旅游从业人员管理制度

据中国旅游研究院统计，截至 2012 年我国已有旅游从业人员 7600 万人，这样庞大的从业人员队伍如何管理、如何让这些人在旅游业发展中发挥最大的人力资本，这些问题都困扰着我国旅游问题的研究工作者。这里所说的旅游从业人员包括范围非常广，不仅包括导游、旅行社工作人员，还包括与旅游业相关的产业，如酒店业、民航业、娱乐业等多个产业的从业人员。我国出台的旅游从业人员管理制度最主要的是对导游的管理制度，最早关于导游人员的管理条例《导游人员管理暂行规定》于 1987 年 12 月 1 日由国家旅游局发布，该规定对我国导游从业人员的管理意义重大，并长期得到执行和贯彻。随着旅游事业的不断发展，一些新的问题和状况的出现促使新的制度的诞生，国务院在 20 世纪 90 年代相继出台了《导游员职业等级标准（试行）》和《导游服务质量》国家标准等文件，并在 1995 年修订出台了《导游人员管理条例》。

进入 21 世纪，关于导游队伍的建设和导游人员素质等相关问题依然受到国家旅游管理部门的重视，2002 年 1 月 1 日开始实施的《导游人员管理实施办法》，标志着我国导游人员年审管理和积分管理制度的建立。关于导游资质管理方面，国家旅游局于 2002 年发布了《导游证管理办法》和导游 IC 卡管理等一系列文件。2005 年再次修订《导游人员管理实施办法》。经过 30 多年的发展，我国导游人员管理体系不断完善，目前已经有了一整套的管理办法和相关制度。除了导游人员管理体系，我国还出台了其他旅游从业人员管理相关制度与办法，也客观上促进了旅游业的发展。

第三节　中国旅游业的制度问题阐析

我国旅游业在改革开放后，近 30 年得到了突飞猛进的发展，不论是经济效益还是社会效益都取得了令人瞩目的成就，但是距我们设定的世界旅游强国的目标仍有很大差距。旅游业的发展还有很多问题，这些问题中最为突出的就是制度问题，好的制度能够促进产业发展，不好的制度会阻碍产业发展。下面从几个方面对我国旅游业制度存在的问题进行详细地阐析。

一　各级旅游管理机构职权范围不明晰

从职能而言，国家旅游局负责制定全国旅游业发展的总体规划，并出台相关制度，地方旅游局一方面执行上级行政机关的政策，另一方面制定适合本地区的旅游发展规划。各级旅游局的制度设计直接影响我国旅游业的发展。

就现阶段而言，国家旅游局负担了一些本来与之无关的工作，大大降低了工作效率。比如，接受旅游者的投诉，这本来应该是消费者协会应该做的工作，只是因为涉及旅游业就由国家旅游局承担。如承担旅游从业人员的教育、培训工作，这点更加混乱，我国有教育部负责全国的教育工作，还有人力资源和社会保障部来负责职业资格认证和职称级别考试等工作，但是国家旅游局仍然要负责导游的教育、培训工作，这样工作重复、职能重合现象的存在对旅游业的发展是十分不利的。再如，国家旅游局还负责协调各项旅游相关政策实施的落实，该项工作对于国家级旅游管理部门意义并不大，在负责制定完相关政策之后还要负责政策的落实，这显然是不合理的，地方旅游局才应该是具体工作的承担者。国家旅游局工作范围的混乱和职权范围的扩大，带来的是工作精力的分散和工作效率的降低。国家旅游局作为国家级旅游业管理机构，工作重点应该放在宏观方面，着力制定我国旅游业发展的规划。

地方各级旅游局应该负责旅游政策的落实和制定当地旅游发展规划，但是地方旅游局同样存在着工作范围不明确，偏离职权范围的现象。地方旅游局应根据国家旅游局出台的政策法规制定适合当地发展的政策法规，我国旅游业各地发展不平衡，旅游产业发展好的地区旅游局职能体现得很明显，旅游产业发展缓慢的地区则弱化了旅游局的功能，可以说地方旅游局的受重视程度受到当地政府的制约，有些地方的旅游局并没有发挥应有的作用。地方政府的发展思路左右了当地旅游产业的发展，地方旅游局在政府制定政策的范围内出台当地旅游发展规划，弱化了地方旅游局的工作。

二　旅游法律法规体系不健全

我国旅游业法律体系一直以来不够健全，集中体现在旅游基本法长期没有出台，旅游专项法体系不够健全和地方性法律法规不够规范等方面。作为旅游基本法的《中华人民共和国旅游法》长期没有出台，直接影响了旅游业制度的建设和创新，旅游基本法是一个国家旅游业发展的法律规范基础，从发展宗旨到发展目标，从行政机关行政规范到旅游企业经营行为，作出法律说明和规定。旅游基本法的空缺对我国旅游业法律法规体系的发展十分不利，经过20多年的酝酿，2013年10月1日起《中华人民共和国旅游法》开始实施，基本法的出台将进一步促进旅游业健康有序的发展。

我国旅游专项法律体系不够健全的事实不容置疑，相对于其他行业，旅游专项法律建设速度缓慢，相关行业的发展一直不够规范，直接导致出现旅游者权益受到侵害、旅游开发盲目上马等现象的出现。旅游相关产业在旅游业发展过程中没有起到推动作用，反而阻碍了旅游业的发展，旅游业相关产业较多，各个行业从自身发展角度出发制定相关法律法规，并没有将协调旅游业发展考虑在内。另外，我国旅游专项法律法规级别较低，现有的相关文件经常以"条例""办法""规定"等形式出现，没有将一些专项规定上升到法律层面上来，所以起到的作用也没有法律那样明显。

地方政府出台的旅游业法律法规不规范也是该问题的重要表现之一。导致这个问题出现的重要原因还是国家旅游业基本法的缺位，没有旅游基本法的约束和规范，地方政府出台的相关法律法规没有立法依据，仅从当地发展考虑，重经济效益轻社会效益。各地的旅游业法律法规的出台经常出现相互抵触的情况，各省级政府之间各自为政，不承认对方的法律法规，出现地方保护主义的情况。地方旅游法律法规亟待规范和统一。

三　旅游业发展存在地方保护主义

自从 20 世纪 80 年代旅游业发展 "五个一起上" 政策实施以来，地方政府在地方旅游业发展中的作用被进一步强化。地方政府出于自身考虑出台有利于当地经济发展的相关法律法规，地方旅游制度体系逐渐形成。地方政府逐渐介入旅游业发展，一方面促进了旅游业的发展，但是一些带有地方保护主义的旅游政策、制度却阻碍了我国旅游业共同发展的脚步。一些地方政府没有正确认识和评价当地旅游发展状况，急功近利地将旅游业为当地经济新的增长点，一些刺激旅游业发展的地方性政策的出台，确实在短时期内发展了地方旅游业，但是对我国旅游业共同发展非常不利。旅游项目盲目上马，各地旅游项目开发定位重合、发展方式雷同现象大量存在，旅游市场上的地方竞争愈加激烈，甚至出现恶性竞争，乱定价、乱涨价等情况。《旅游法》规定，用公共资源建设的景区的门票以及景区内的游览场所、交通工具等另行收费项目，实行政府定价或政府指导价，严格控制价格上涨。拟收费或者提高价格的，应当举行听证会，征求旅游者、经营者和有关方面的意见，论证其必要性、可行性。利用公共资源建设的景区，不得通过增加另行收费项目等方式变相涨价；另行收费项目已收回投资成本的，应当相应降低价格或者取消收费。公益性的城市公园、博物馆、纪念馆等，除重点文物保护单位和珍贵文物收藏单位外，应当逐步免费开放。[①] 这就在法律层面规范了地方政府行为，避免了地方保护主义的现象。

各地政府不惜损害其他地区旅游业同行的利益，来确保自身发展速度。旅游市场的混乱让各地政府各自为政，只要能够促进当地旅游业发展，只要能将地方经济搞上去，地方政府都会不惜一切代价去做。这种地方保护式的旅游发展模式，造成的后果是旅游资源的极大浪费和较低的旅游业盈利能力。

---

① 《中华人民共和国旅游法》，法律出版社 2013 年版，第 5 页。

四　职工休假制度不健全

我国职工休假制度的出台对旅游业发展起到了促进作用，正是公休日的调整和小长假的形成，让短途旅游和长途旅游得以实现，可以说我国从1996年开始执行的双休日制度，1999年开始"五一""十一"、春节的"黄金周"制度，都对我国当时旅游业发展起到了积极的推动作用。2015年3月21日中共中央、国务院印发《关于构建和谐劳动关系的意见》，明确要求切实保障职工休息休假的权利，完善并落实国家关于职工工作时间、全国年节及纪念日假期、带薪年休假等规定，督促企业依法安排职工休假。这对于完善和落实我国职工休假制度将起到重要作用。但是总体来看，我国目前执行的职工休假制度还不够健全，仍存在这样或那样的问题。

首先，职工年假制度执行不力。尽管1991年国家已经发布了《关于职工休假问题的通知》，规定职工工作满一年不满十年的，年休假为5天；工作满十年不满二十年的，年休假为10天；满二十年的，年休假为15天，且公休日和法定节假日不计入年假。但是这样的规定并没有得到切实贯彻和实施，还有相当一部分用人单位对此规定视而不见，出于对自身就业压力的考虑职工只能选择委曲求全，如果非要争取享有年休假待遇，很可能要面临失业的危险。

其次，法定节假日休假设计不够合理。1999年10月为我国的第一个"黄金周"，之后"五一""十一"和春节"黄金周"等旅客集中出游的情况备受关注，旅游景区人满为患，远远超出其接待能力，直接导致旅客满意度的下降。旅游人数增加不仅给旅游景区带来巨大压力，铁路、公路、民航、饭店业同样承受着巨大压力，这样一来每年"黄金周"期间旅游业都像迎接一次大考一样全神贯注，但是还会发生很多让旅客不满意的事件。2008年，我国再次调整节假日休假制度，取消"五一"的7天小长假，分别在重要节日放假一天，串休一个周末形成三天的休假，元旦、清明、"五一"、端午节和中秋节这五个节日职工享有3天的休假，"十一"和春节的7天小长假继续保留。这样调整后形成了更多的节日休假，我国职工全年休息时间

（含双休日和法定节假日）达到了 115 天。这种休假制度的设计上存在很多问题，有的假期时间过长，旅游行为过度集中；有的假期时间过短，无法开展旅游活动。尤其是游客集中出游、各方压力巨大、不满情绪上升的情况依然很突出。

再次，职工专项休假制度问题。我国法律不但作出了职工双休日和节假日休息规定，还有一些专项休假的相关规定，如婚假、探亲假等。这些专项休假同样对旅游业发展有促进作用，职工可以利用这些专项休假来实现旅游度假的目的。专项休假制度虽然已经建立，但是由于没有较好地宣传和执行，使得专项休假没有得到很好地落实，职工往往因为不知情而自动放弃了应有的休息权利。职工休假制度的设计应本着长短结合、分散为主、适度集中的原则，尽快加以完善。

五　旅游业行业协会的作用被弱化

目前，我国已经形成了较为完善的旅游协会系统，国家旅游局下属共有五个协会组织（中国旅游协会、中国旅行社协会、中国旅游饭店业协会、中国旅游车船协会、中国旅游报刊协会）。这些协会均属于由政府行政机关主管的社会组织，具有行业自律和行业管理功能。旅游协会虽然没有旅游行政机关那样的权威，但在旅游业发展过程中也起到了联系政府和旅游企业，代表和维护旅游业共同利益和会员利益的作用。旅游业行业协会和其他产业协会一样，具有辅助行政机关管理监督旅游市场，开展旅游业相关研究并向主管机关提出政策建议，向会员宣传旅游业相关法律法规并协助执行的作用。

但就目前而言，我国旅游业行业协会并没有起到应有的作用，由于行政机关管辖范围过大弱化了旅游业行业协会的作用。旅游业行业协会的主要负责人仍由行政部门领导兼任，或者由从领导岗位上退休的领导担任，在具体工作的运行上经常受到上级主管部门干预，不能很好地独立履行行业自律和行业监管的职能。

旅游协会作为民间组织应该具有相对独立的工作环境，对旅游业发展提供政策建议和非强制性要求，由于我国民间组织管理的不规范，让旅游业行业协会没能理顺工作关系，其中掺杂了太多的政府职能。随着我国社会主义市场经济体制的不断建立和完善，旅游行业协会自身独立性将会得到恢复与明确，事实上这就是一个大的制度创新过程，而这一合理的制度安排必将推动整个行业内诸多新的制度安排的设计和实施。①

六　导游缺乏职业保障制度

导游这个行业有着自己的职业特点，从现在情况来看导游具有高跳槽率、高离职率等特点，更有一些导游不属于任何旅行社，只是在旅游旺季时持导游证上岗，规模不大的旅行社会临时找些有资质的导游接待旅游团。导游没有其他行业一样稳定的就业岗位，一方面是因为旅游具有季节性，旺季的时候需求量很大，而淡季的时候则没有工作可做。另一方面是因为我国缺乏导游职业保障制度，一直以来我们重视的是导游资格认证工作，旅行社的管理制度建设，但是对导游职业保障没有过多的关注。《旅游法》规定，旅行社应当与其聘用的导游依法订立劳动合同、支付劳动报酬、缴纳社会保险费用。旅行社临时聘用导游为旅游者提供服务的，应当全额向导游支付服务费用。旅行社安排导游为团队旅游提供服务的，不得要求导游垫付或者向导游收取任何费用。②

导游职业保障制度的缺乏直接导致导游就业的不稳定，导游的薪酬制度不明确，现在经常出现的零团费旅游，但是导游要有收入来源，为得到应有的经济收益，就出现导游强迫购物的现象。导游在旅游产业中一直处于弱势地位，这与导游起到的作用严重不符。一些专职导游有自己的工作单位，还有一些兼职导游没有所属的旅行社，他们得不到应有的基本工作、底薪、社会保险等待遇，只能通过游客购物和景区自费项目回扣来增加自己的收入。而旅行社又因为不是本单位导游无法控制导游的违法行为，一个恶性循环由此产生。导游市场

---

① 罗辉：《中国旅游业制度变迁的主题类型及演化模式研究》，《玉溪师范学院学报》2010 年第 3 期。

② 《中华人民共和国旅游法》，法律出版社 2013 年版。

的混乱跟导游职业保障制度的缺失有很大关系。

导游从业人员以年轻人为主，很少有人愿意将导游作为终身职业，导游社会地位低、收入不稳定等都是重要的影响因素。另外，因为导游更多的是实践性工作，所以高级职业资格的导游并不受推崇，我国导游队伍具有高级职称的比例微乎其微，更多导游在乎的是眼前利益，放弃了学习和钻研，放弃了晋升高级导游的机会。这样的导游职业队伍建设对我国旅游业发展十分不利，没有一支高素质的导游队伍很难给游客带来旅游的乐趣，没有更多的游客又会让导游的经济收入不断降低，进而影响导游工作的积极性，周而复始就会走进发展的死循环中。导游应该享有其他行业同等的待遇，旅行社应给予导游社会保险和合理薪酬，国家应完善导游职业保障制度体系，从国家的层面保护导游利益不受侵犯。

七　官员政绩考核标准不合理

改革开放后，我国以经济建设为中心的思想直接影响了政府的政绩考核标准，长期以来"GDP"增长成为重要的考量依据，有些地方官员为升迁不惜一切代价大搞招商引资、项目开发、形象工程、政绩工程、粉饰工程。

旅游部门同样受到了影响，他们更加重视的是旅游带来的经济增长，关注的是旅游景区开发、游客数量增长、外汇收入等方面。根本不去考虑旅游业对全局经济发展的影响，以及旅游业的可持续发展。这样不科学的政绩观，产生的后果是资源环境的破坏，旅游资源的过度开发，等等。

如何建立更为有效的旅游政绩考核体系，成为下一阶段旅游业发展应该考虑的方面，如何在旅游发展过程中切实贯彻科学发展观，实现人类社会与生态环境的共同发展，实现旅游业的又好又快发展，这些将是我们未来发展的目标和方向。要将旅游业可持续发展进行量化，纳入到地方官员政绩考核的内容，促使地方官员能够真正科学地、客观地看待旅游业发展的问题。

此外，旅游业服务质量不高、旅游市场秩序不好、基础设施建设质量低劣、旅游规划缺乏人文价值考虑、旅游产品单一、旅行社行为混乱等问题，都长期存在着，其背后显现的深层次问题也大多是制度问题，严重影响了旅游业的健康可持续发展。

第四节　中国旅游业制度问题的原因剖析

我国旅游业正处于高速发展的阶段，建设世界旅游强国的目标要求有更多更合理的制度支撑，旅游业制度问题不解决就不能更好地促进旅游业的发展和进步。分析制度问题存在的原因，是找到制度问题存在的关键所在，笔者将从以下几个方面分析我国旅游业制度出现问题的原因。

一　旅游业发展没有树立科学发展观

改革开放以来我国经济飞速发展，国内生产总值已经跃居世界第二位，成为第二大经济体。持续三十多年的经济高速增长给中国带来了日新月异的变化，国民生活不断得到改善，经济实力、综合国力都得到大幅提升。科学发展观的首次提出是胡锦涛在 2003 年 7 月的一次谈话中提到的，他提出，"坚持以人为本，树立全面、持续、可持续的发展观，促进经济社会和人的全面发展"。通过一段时间的经验总结和理论探讨，在党的第十七次全国代表大会上科学发展观被写入中国共产党党章。科学发展观的确立对我国发展非常有利，但是就目前来看，我国在旅游业发展方面还没有树立科学发展的理念。比如，在旅游发展中，有一些地区为追求近期经济效益，在风景名胜区迅速扩建高档宾馆、饭店、疗养院、培训中心，以及索道、滑道、娱乐设施等，造成了一些高污染、高消耗、低效益的工业，实质上破坏了旅游资源，也阻碍了当地经济的可持续发展。

科学发展观指出，发展是党执政兴国的第一要义。就旅游业而言发展是最重要的，应放弃眼前利益，谋求长远利益，在世界范围内树立中国旅游良好形象，努力将我国打造成世界旅游强国。旅游业的发展绝不是每年产业收入的增加，游客数量的上升，而是我国在世界旅游产业中地位的上升、旅游发展趋势向好。衡量旅游业是否健康发展的标准应该有所变动，不能单纯以数据来说明问题，星级景区、旅行社、酒店的数量只能说明数量上的增加，不能说明质量上的提升，要有更为恰当合理的衡量方式来衡量旅游业的发展状况。

科学发展观的核心是以人为本。多年来我们一直强调的发展是物质的丰富和经济指标的增长，忽略了人的发展。科学发展观的提出让我们重新认识了发展的目的所在，没有人的发展就没有社会的发展和进步。旅游业发展更应该注重人的发展，旅游从业人员素质的提高，自身价值的体现，给游客带来身心的愉悦，提高游客的满意程度，这些都是以人为本的重要表现。未来旅游业的发展要更加注重参与旅游中的每一个人的感受，让每一位旅游参与者都能够从旅游业发展中得到最大的实惠。

科学发展观的基本要求是全面协调可持续。多年来我国旅游业的发展一直存在高排放、高污染、低收益等问题。国家并没有制约旅游业环境保护的相关法律法规出台，这样的发展模式不适合科学发展观的基本要求。旅游业的发展不能抛开其他产业单独谈旅游，不能发展一个行业而破坏其他行业，旅游业行政机关在制定旅游业发展规划的时候要考虑各行业协调发展，促进行业间的全面协调可持续发展。

科学发展观的根本方法是统筹兼顾，统筹兼顾强调了未来我国发展的方式和方法。旅游业的制度设计要更多地考虑城乡发展、区域发展、经济社会发展等方面的统筹协调，对于目前我国旅游业发展不平衡的情况给予高度重视，地区间的不协调、人与自然间的不协调都会影响旅游业的大发展，只有协调好各方面的发展才能促进旅游产业的持续科学发展。

二　旅游产业制度设计缺乏创新思想

从社会主义理论诞生发展至今，其中一直存在着制度创新思想。从马克思创造性地提出了社会主义必将取代资本主义，到列宁在苏联第一个实践社会主义国家；从毛泽东的革命创新理论到邓小平的社会主义建设创新思想；再到科学发展观理论的提出，正是一代代马克思主义者的创新思想让社会主义理论体系不断完善，极大地丰富了马克思主义理论体系。

制度创新思想对社会发展有着极大的促进作用，可以说没有制度的创新就没有社会的发展，没有制度的创新就没有生产力的发展和进步，只有不断在制度方面创新，才能让经济社会发展永远保持活力。我国旅游产业的发展过程体现着制度创新的重要性，旅游业从无到有，从单纯为完成整治任务到为经济发展作出重大贡献，每一次飞跃式发展都是制度创新的结果。

从目前我国旅游制度体系状况来看，制度创新的思想没有得到完全的贯彻，旅游业制度体系构建发展缓慢，近些年很少有变革性的制度产生，在改革的道路上脚步迟缓，缺少勇于开拓、大胆进取的创新精神。地方政府在旅游制度创新方面做的工作相对较少，搬用套用旅游业先进省份模式的情况普遍存在，一个旅游模式在某地的成果是综合了很多因素的，这样的模式并不一定在任何一个地方都能取得成功，地方政府缺乏创新精神盲目套用其他地方的成功模式，不能取得预期的效果。旅游管理机关和旅游企业要树立制度创新思想，敢于探索，勇于实践，结合当地发展特点有针对性地提出适合当地旅游业发展的新制度。

三 相关法律法规建设滞后于社会发展

在旅游业的制度体系中，法律法规具有非常重要的地位。尽管我国一直在努力完善相关法律法规，但是还是存在着很多问题，有些法律法规随着经济社会的发展已经不适应目前的情况，有些法律法规尚未出台，对于旅游业发展出现的新状况无法可依，最重要的旅游基本法长时间缺位，这些问题都直接影响了旅游业的发展。

我国旅游业法律法规的制定和实施远远落后于世界旅游强国。在旅游基本法方面，日本早在1963年就出台了《旅游基本法》。该法是日本在积累了一定旅游工作经验基础上制定的，是日本旅游事业发展的根本性法律，规定了日本发展旅游业的基本方针，旅游基础设施的配套和必须采取的措施，也规定了旅游资源的开发、利用和保护政策。① 美国也于 1979 年出台了《全国旅游政策法》，作为美国旅游政策的总原则，制定该法的目的是：要在联邦政府、州和地方政府以及其他有关公众和私人组织之间建立一种合作关系，采用一些切实可行的办法和措施，包括财政和技术援助，来执行全国旅游政策。美国出台的《全国旅游政策法》是美国全面贯彻执行旅游政策总原则的有力保障。

除了旅游基本法的缺位，相关法律法规的不到位也是阻碍旅游业发展的制度因素。作为亚洲旅游业发展较好的日本，从 19 世纪初就开始发展旅游业，相关法律法规的制定也相对细致和完善，日本除了在旅行社管理、导游资格认证等方面立法，还针对旅游业发展过程中的相关问题出台了相关法律法规，如《翻译导游费》《综合疗养地域整修法》《运用民间资金整修旅游设施临时措置法》《自然公园法》《重要美术品保护法》等相关法律，当然这里面有些法律已经随着时间的推移被废除，但是我们能够看出日本对旅游相关法律法规的重视程度。出台更加具体、更加细致的旅游业法律法规，是促进我国旅游业可持续发展的有效手段。

---

① 胡国良：《合肥市"十一五"旅游业发展对策研究》，硕士论文，合肥工业大学，2006 年。

第四章 建设世界旅游强国制度创新的实证分析

本章将运用实证研究方法，通过对历史文化名城、国家级风景名胜区、世界文化和自然遗产地、森林公园和地质公园、工业旅游、乡村旅游、旅游业政府管理体制、旅游业具体制度等方面的创新与变迁进行比较系统地梳理，并作出评估，为后面的理论分析与对策探讨提供基础。

第一节 历史文化名城的旅游制度创新及评估

历史文化名城是指"保存文物特别丰富，具有重大历史价值或者革命纪念意义的城市"。[①] 历史名城是旅游者的重要旅游目的地，也是我国旅游业发展的重要载体。

一 我国历史文化名城概况

1981 年 12 月，在北京大学历史地理学家侯仁之、建设部城建规划专家郑孝燮、故宫博物院文物专家单士元三位先生的提议下，当时的国家建委、国家文物局和国家城建总局向国务院提交了《关于保护我国历史文化名城的请示》的报告。1982 年 2 月，国务院转批这一请示，并公布了北京等 24 座城市为首批历史文化名城。这标志着我国历史文化名城保护制度的诞生。1986 年和 1994 年，国务院又分别公布了第二批 38 座、第三批 37 座国家历史文化名城。2001 年以后又

---

① 王景慧：《历史文化名城的概念辨析》，《城市规划》2011 年第 12 期。

陆续增补了 23 座，截至 2013 年 7 月 28 日，我国共有 122 座城市被列为国家级历史文化名城。同时，各省、自治区、直辖市根据国务院文件精神，相继公布了 157 处省级历史文化名城。[①] 历史文化名镇名村保护制度建立后，我国迄今又评选了 350 处中国历史文化名镇名村（名镇 181 处，名村 169 处），各省、区、市也先后公布了 725 处省级历史文化名镇名村。

图 4 - 1　我国第一批、第二批、第三批国家级历史文化名城分布

　　历史文化名城是我国特有的概念，它不仅是一项荣誉，更是一项保护措施。历史文化名城要保护的是一座城市，而不只是城市中的文物，还包括名城中的历史文化街区、古城的整体格局和风貌，以及优秀的历史文化传统。历史文化名城还要制定保护规划并纳入城市总体规划，明确界定保护和控制的地域范围，制定有效的保护管理措施。

　　历史文化名城是我国珍贵的文化遗产，也是重要的旅游资源。历史文化名城原始选址多位于自然风光秀丽、区位条件优越、交通来往

① http://baike.baidu.com/view/674611.htm? fromId = 353383.

便利、经济文化发达的地方，为发展现代旅游业提供了良好的基础。目前，我国31个省、市、区（不含港澳台）中，4个直辖市和27个省会城市中的19座都属于国家级历史文化名城。随着旅游活动的迅速普及，名城旅游已经成为我国重要的旅游热点，并且取得了巨大的经济、社会效益。2012年度中国旅游百强城市排行榜中，国家级历史文化名城几乎占据了半壁江山，达到48座，而在榜单前20强的城市中，90%的城市都属于国家级历史文化名城。

二　历史文化名城旅游制度的创新

鉴于历史文化名城在我国旅游业发展中的重要地位，历史文化名城制度的创新，也是我国旅游业制度创新的重要内容之一，具有代表性和示范性。

（一）基本法律法规的创新

历史文化名城不同于一般的旅游地，它保留的文物古迹、革命遗产是历史的缩影，这决定了旅游制度的创新必须以尊重保护历史文化传统为前提。目前，我国历史文化名城保护已经形成了"两法一条例"的基本法律法规体系。"两法"是指《文物保护法》和《城乡规划法》，它们是历史文化名城保护的母法；"一条例"是指国务院出台的《历史文化名城名镇名村保护条例》。

1982年11月，第五届全国人大常委会第25次会议通过的《中华人民共和国文物保护法》，不仅奠定了国家文物保护法律制度的基础，也使国家历史文化名城保护开始进入依法管理的时代。2002年10月，第九届全国人大常委会第30次会议通过了新修订的《文物保护法》，其中对历史文化名城、历史文化街区和村镇的保护，被确立为与文物保护单位同等重要的地位。修订后的《文物保护法》还增设了历史文化街区保护制度。

2008年开始施行的《城乡规划法》，是国家通过完善城乡规划法规体系，对历史文化名城保护管理机制予以的强化。历史文化名城保护与一般性开发建设需要经过城乡规划加以协调落实。《城乡规划法》明确规定了在城市总体规划编制中，要将历史文化遗产保护等相关规划纳入必须严格执行的强制性内容。

针对一些地方重开发、轻保护，拆真遗迹、建假古董等现象，2008 年 4 月，国务院颁布了《历史文化名城名镇名村保护条例》。《条例》确立了对历史文化名城、名镇、名村实行整体保护的原则，明确了在保护范围内禁止从事的活动。《条例》还强化了政府的保护责任，加大了对破坏历史文化遗产等违法行为的惩处力度，而且注重了行政处罚种类和法律责任的多样化。

（二）部门规章制度的创新

2001 年，国家计委、建设部、国家文物局联合下发了《关于申请和使用国家历史文化名城保护专项资金有关问题的通知》，专项用于补助国家历史文化名城中有重要价值历史街区的保护整治工作。2003 年，建设部出台了《城市紫线管理办法》的部门规章。该办法从城市规划管理的层面，划定了保护历史文化街区和历史建筑的紫线范围，凸显了对历史文化名城风貌的整体保护要求。2005 年，建设部发布《关于建立派驻城乡规划督察员制度的指导意见》，城乡规划督察员制度明确规定要在"城乡规划的编制、审批、实施管理工作进行中"，"及时发现、制止和查处违法违规行为"，重点督查"历史文化名城、古建筑保护和风景名胜区保护问题"。①

另外，自 20 世纪 90 年代末开始，我国部分省、市、区还根据《文物保护法》《城市规划法》等相关上位法，结合当地实际相继出台了地方性保护条例。迄今已有 11 个省、直辖市、自治区颁布了省级历史文化名城保护法规，73 个城市颁布了 178 项保护历史文化名城的法规。这对更加严格、更加具体地指导本地区的历史文化名城、名镇的保护规划工作起到积极作用。

三　历史文化名城旅游制度的评估

中国的历史文化名城保护制度至今建立 31 年，经过多年的研究

---

① 仇保兴：《中国历史文化名城保护形势、问题及对策》，《中国名城》2012 年第 12 期。

和探索，确实取得了一定的成绩。目前，具有中国特色的历史文化名城保护理论体系和技术标准已经形成，绝大多数的历史文化名城通过编制保护规划，协调了长期保护与一般性城乡开发建设之间的关系。从"九五"时期开始，我国已累计投入 12 亿元的专项资金用于补助历史文化名城街区基础设施的改善。

近年来，住房和城乡建设部向 46 个国家级历史文化名城派驻了督察员，累计发出了 220 多份规划督察意见，及时制止了多起对名城历史风貌可能造成破坏的各类违规建设行为。这些制度的实施，不仅促进了历史文化名城、名镇、名村的保护，还促进了地方文化旅游和经济水平的提高，更重要的是带动了历史文化名城的可持续发展，为子孙后代留下了永久借鉴欣赏历史的现实空间。然而，也应该客观看到，在城市化快速发展的当下，历史文化名城保护与城市建设开发的矛盾日益突出，名城保护工作仍然面临着巨大挑战。

首先，法律法规不健全。在 2008 年《历史文化名城名镇名村保护条例》施行前，我国的名城保护工作基本上是在《文物保护法》框架下运行的，参照国家重点文物保护的管理体系，以国家名义核定公布历史文化名城，推进保护规划管理。但事实上，文物保护法规中缺少具体的可操作性条文，加之各地的保护观念不统一，整体保护意识不强，参照重点文物保护的方式最终演变为一些名城至今只保护文物古迹的做法。另外，《历史文化名城名镇保护条例》属于国务院规范性文件，不具备行政法规的法定约束力，尤其是目前相关上位法授权缺失的情况下这一问题更加严重。

其次，管理体制不顺畅。目前，我国历史文化名城保护工作由住建部门牵头，文物部门负责管理文物的保护。但是，住建部门所站的角度往往是以整个城市的发展为主，文物部门在整体规划中缺失话语权，造成很多历史文化名城风貌格局遭到破坏。比如，古都安阳，为改善城市交通，在古城里生硬地修出两个大道，破坏了原有的历史街区格局，十分可惜。

再次，利用方式不正确。历史文化名城通过发展旅游可以展现城市价值，促进经济发展，但一些地方利用方式过度，急功近利地榨取

图 4 - 2　河南安阳文峰大道破坏古城整体格局

历史文化遗产的每一滴价值，造成旅游项目掠夺式开发问题严重。比如，岳阳为了旅游发展，拆除了洞庭北路的历史文化街区，建起了不伦不类的现代仿古街，造成了古城遗产的破坏。

图 4 - 3　岳阳拆除历史街区建汴河街仿古建筑群

最后，保护资金不充足。虽然我国设立了专项资金用于历史文化名城的保护，并且投入逐年增加，但是这笔资金数额还是相对有限，加之使用性质单一，造成了一些历史建筑、传统民居得不到及时修缮，街区呈现衰败之势，严重制约了名城保护工作的开展。比如，海口骑楼建筑年久失修，衰败不堪，亟待改善。

图4－4　年久失修的海口骑楼建筑

　　总之，在这些问题和挑战面前，如何通过完善制度机制，完整保护我国历史文化名城的丰富遗产，是一项十分紧迫的任务。

第二节　国家级风景名胜区的旅游制度创新及评估

　　风景名胜区是指"具有观赏、文化或者科学价值，自然景观、人文景观比较集中，环境优美，可供人们游览或者进行科学、文化活动的区域"。① 国家级风景名胜区的旅游制度创新关乎我国整个旅游业制度创新的效果。

一　我国风景名胜区概况

　　我国风景名胜资源类型丰富，包括历史圣地类、山岳类、岩洞

---

　　① 中央政府门户网站：《风景名胜区条例》，http：//www. gov. cn/zwgk/2006－09/29/content_ 402732. htm.

类、江河类、湖泊类、海滨海岛类、特殊地貌类、城市风景类、生物景观类、壁画石窟类、纪念地类、陵寝类、民俗风情类及其他类14个类型。按风景的质量价值、规模大小、游览条件等，我国风景名胜区可分为国家级、省级和市（县）级三个层级，其中"自然景观和人文景观能够反映重要自然变化过程和重大历史文化发展过程，基本处于自然状态或者保持历史原貌，具有国家代表性的，可以申请设立国家级风景名胜区，报国务院批准公布"。①

图 4 - 5　中国国家级风景名胜区徽标

改革开放前，我国的风景名胜区主要作为政府接待外宾的场地，其重要性和保护管理工作未得到应有的重视。1979 年 4 月，国家建委在杭州召开了风景区工作座谈会，这是国家最高管理部门首次召开的风景区专题工作会议，开创了全国风景区管理工作的历史先河。1982 年 11 月，国务院审定公布了我国第一批共 44 处"国家重点风景名胜区"（2006 年《风景名胜区条例》实施后，统一改称为"国家级风景名胜区"），这是我国首次正式建立风景名胜区制度。截至2012 年 10 月 31 日，国务院先后审定公布了 8 批国家级风景名胜区，共 225 处，面积 10.36 万平方公里；各省级人民政府批准设立省级风景名胜区 737 处，面积约 9.01 万平方公里，二者总面积约 19.37 万平方公里，占我国陆地总面积的 2.02%。这些风景名胜区基本覆盖了我国各类地理区域，遍及除港澳台和上海之外的所有省份。②

---

① 中央政府门户网站：《风景名胜区条例》，http：//www. gov. cn/zwgk/2006 - 09/29/content_ 402732. htm.

② 住房和城乡建设部：《中国风景名胜区事业发展公报（1982—2012）》，2012 年。

"十一五"期间，我国国家级风景名胜区共接待游客21.4亿人次。其中，2010年国家级风景名胜区接待游客4.96亿人次，比2009年增长10%，占全国国内和入境过夜游客总数的23%；接待境外游客1171万人次，占全国入境过夜旅游人数的32%；直接旅游收入397亿元，增长11%，占全国国内和入境过夜旅游总收入的2.5%。另外，风景名胜区特许经营的收入也在不断增长，"十一五"期间，国家级风景名胜区经营服务收入1402亿元，年均增长9.9%，其中2010年达到328.5亿元。据不完全统计，2010年，通过带动旅游产业和区域服务业的发展，风景名胜区为37万人提供了就业机会，间接为地方创造经济价值1095.7亿元。[①]

二　国家级风景名胜区的旅游制度创新及评估

国家级风景名胜区的旅游制度应该包括法律层面、体制层面的创新与评估，要从这两个方面出发来研究国家级风景名胜区的旅游制度创新及评估问题。

（一）法规层面的创新及评估

1985年，国务院颁布了《风景名胜区管理暂行条例》，这是我国第一个关于风景名胜区工作的专项行政法规，从此风景名胜区走上了依法发展的道路。但是，随着我国社会主义市场经济体制改革的不断完善，《风景名胜区管理暂行条例》已经不能适应现实发展的要求，无法解决景区管理面临的一些新问题、新矛盾。为此，国务院于2006年颁布了《风景名胜区条例》，进一步完善了风景名胜区的设立、保护、规划、利用、管理等五项基本内容，并在风景名胜区建设项目选址核准、门票和资源有偿使用费管理以及保护有关财产所有权人合法权益等方面取得重要突破，成为风景名胜区事业发展的一个重要里程碑。[②]

《风景名胜区条例》还列出了区内禁止性活动，包括禁止在区内

[①]　住房和城乡建设部：《中国风景名胜区事业发展公报（1982—2012）》，2012年。

[②]　同上。

违反规划设立各类开发区和在核心景区内建设宾馆、招待所、培训中心、疗养院等。对严重破坏风景名胜区的行为，《风景名胜区条例》在规定行政处罚的同时，还要求违法者承担最高罚款100万元的民事责任，构成犯罪的还要依法追究刑事责任。①

但是，我国风景名胜区半数以上集中分布在四川、浙江、福建、贵州、云南、江西、安徽、湖南八个省份，中、西部地区居多，因经济欠发达而导致收益不足，"靠山吃山，靠水吃水"的思路几乎主导了各地风景名胜区的发展。当保护管理与经营发展之间的天平倾向于后者时，难免会导致急功近利地过度开发。因为《风景名胜区条例》法律级别不够高，经济罚款留有"讨价还价"的弹性空间，惩处力度极为有限，一些地方甚至明目张胆地违规涉法，造成风景名胜区资源严重破坏。

（二）体制层面的创新及评估

从体制层面看，我国建立了国家建设行政主管部门、地方政府主管部门以及风景名胜区管理机构三级管理体制。② 根据《风景名胜区条例》第五条规定："国家建设行政主管部门负责全国风景名胜区的监督管理，省、自治区人民政府建设主管部门和直辖市人民政府风景名胜区主管部门，负责本行政区域内风景名胜区的监督管理。"《条例》第四条规定："风景名胜区所在地县级以上地方人民政府设置的风景名胜区管理机构，具体负责风景名胜区的保护、利用和统一管理。"③ 目前，全部国家级风景名胜区都已建立管理机构，设立了风景名胜区管理委员会（管理局、管理处等），行使地方人民政府或有关主管部门依法委托的行政管理职权，按具体情况一般可以分为四种类型。④

---

① 中央政府门户网站：《风景名胜区条例》，http：//www.gov.cn/zwgk/2006-09/29/content_402732.htm.

② 住房和城乡建设部：《中国风景名胜区事业发展公报（1982—2012）》，2012年。

③ 中央政府门户网站：《风景名胜区条例》，http：//www.gov.cn/zwgk/2006-09/29/content_402732.htm.

④ 住房和城乡建设部：《中国风景名胜区事业发展公报（1982—2012）》，2012年。

第一种，政府机构类型。根据风景名胜区的地域范围，调整行政区划，成立的以风景名胜区及部分周边过渡地带为行政辖区的地方政府（一般为县级），负责风景名胜区内一切行政事务的管理。例如，湖南省的武陵源、南岳衡山和山西省五台山风景名胜区。它的优势在于政府能够调动多种行政手段直接管理，而且具有行政执法权，工作贯彻落实效率较高；缺点是风景名胜区政府完全等同于一般同级地方政府，社会管理职能过多，大量与景区管理无关的机构和人员势必造成较重的财政负担。

第二种，准政府机构类型。它的基本形式是在风景名胜区设立专门机构（管理委员会、管理局、管理处等），由政府赋予其一定的行政管理职能，负责景区的具体管理工作，其性质大多属于事业单位，隶属上级政府或由上级政府委托当地政府代管。目前，我国大多数国家级风景名胜区都属此类，例如泰山、黄山等。与政府机构类型相比，它的优点是机构相对精简，其专业性、技术性工作较强，易于强化事权统一；缺点是由于行政经费需要自行解决拨款差额（甚至完全自收自支），许多景区实行企业化管理运作，政企不分、政事不分的现象突出，管理执法的公正性受到质疑。

第三种，协调议事机构类型。由地方政府的主要领导牵头、各相关职能部门为成员组成风景名胜区管理委员会，具体办事机构（委员会办公室）设在某个主要职能部门由其兼任，管理委员会主任一般由地方政府的分管领导担任，副主任为各相关职能部门的领导担任。例如，桂林漓江。

第四种，统一管理机构缺失类型。这是指一些国家级风景名胜区处于"批而未建"或"建而未管"的状态下，尚未建立统一管理机构的情形。存在这种类型的原因主要有两种，一是景区范围跨省，协调机制难以建立，无法实行统一管理。例如，三峡、太湖风景名胜区都属此类。二是景区范围太大，虽在同一省份，但城乡活动复杂，涉及众多地级行政区域，统一管理无法实施。例如，面积约 4 万平方公里、核心景区约 1 万平方公里的云南省三江并流风景名胜区就属此类。

第三节 世界文化和自然遗产地的旅游
制度创新及评估

世界文化和自然遗产是我国旅游业发展的重要依托资源，也是旅游制度创新与评估的重点领域。

一 我国世界遗产概况

世界遗产是指"被联合国教科文组织和世界遗产委员会确认的人类罕见的、目前无法替代的财富，是全人类公认的具有突出意义和普遍价值的文物古迹及自然景观"。① 它主要包括"世界文化遗产""世界自然遗产""文化和自然双重遗产""文化景观"四类。

1972 年，联合国教科文组织在巴黎通过了《保护世界文化和自然遗产公约》（以下简称《公约》）。1976 年，世界遗产委员会成立，并建立了《世界遗产名录》。1985 年，全国政协委员侯仁之、阳含熙、郑孝燮、罗哲文联名向全国政协六届三次会议提交了《我国应尽早参加联合国教科文组织〈保护世界文化和自然遗产公约〉，并积极争取参加"世界遗产委员会"，以利于中国重大文化和自然遗产的保存和保护》的提案，随后我国展开了加入保护世界遗产的进程。

1985 年 12 月 12 日，我国正式加入《公约》的缔约国行列。1987 年 12 月，我国的故宫、长城、泰山、秦始皇陵（含兵马俑坑）、敦煌莫高窟、周口店北京人遗址六处文化与自然遗产被列入《世界遗产名录》，成为中国首批世界遗产地。截至 2013 年 6 月，我国共有 45 处世界遗产，其中自然遗产 10 处、文化遗产 31 处、文化和自然双重遗产 4 处，在数量上位居世界第二，仅次于意大利（49 处，含跨国项目）。

我国世界遗产种类丰富、类别齐全，既包括《公约》中规定的所有遗产类型：文物类，如长城、莫高窟；建筑群类，如故宫、武当山

---

① 《中国世界遗产》，http://baike.baidu.com/view/139046.htm.

图 4 – 6　我国世界遗产分布图

古建筑群；考古遗址类，如殷墟、秦始皇陵，还包括《实施保护世界
文化与自然遗产公约的操作指南》中规定的文化景观，如杭州西湖、
庐山；历史城镇，如平遥古城、丽江古城。

　　我国的世界遗产事业虽然比国际上起步晚了十多年，但发展迅
速，成就显著。首先，通过申请世界遗产，推动了遗产地的保护整
治。比如，为维护颐和园与周边玉泉山环境的优美景观，北京市政府
部门以 8 倍于地上方案的代价，花费 4 亿多元将必修的高压电缆全部
埋入地下。其次，世界遗产地通过旅游带动了地方经济发展。比如，
平遥古城在 1997 年申报世界文化遗产成功，1998 年的门票收入就从
申报前的 18 万元一跃升至 500 万元，促进当地旅游综合收入高达
4800 多万元。丽江古城在被列入世界文化遗产后，其旅游综合收入
更是占到了当地 GDP 的一半。[①]

　　然而旅游发展在带动地方经济的同时，也为遗产地的保护带来压

---

　　①　蔡美艳：《申报世界遗产过程对旅游地的梳理和建设作用》，《桂林旅游高等专科学
校学报》2006 年第 2 期。

力。目前，由于旅游经营与资源保护难以协调而导致的客流量超载、旅游设施过量破坏遗产价值等问题已经成为我国遗产地管理面临的最大威胁。

二　世界遗产地的旅游制度创新及评估

世界文化和自然遗产地的旅游制度包括法律法规层面和管理体系层面的创新与评估。

（一）法律法规层面的创新

为切实履行《公约》的责任和义务，2006 年 10 月，国务院根据《文物保护法》出台了《长城保护条例》，这是我国政府首次就单项世界文化遗产制定的专项法规。为改变各地不同程度存在的"重申报轻管理"现象，进一步加强对世界文化遗产地的保护和管理，2006年 11 月 14 日，文化部公布了《世界文化遗产保护管理办法》，规定"因保护和管理不善，致使真实性和完整性受到损害的世界文化遗产，由国家文物局列入《中国世界文化遗产警示名单》予以公布"。同时，国家文物局也陆续出台《中国世界文化遗产监测巡视管理办法》（2006 年 12 月）、《中国世界文化遗产专家咨询管理办法》（2006 年12 月）、《世界文化遗产申报项目审核管理规定》（2012 年 12 月），基本完善了世界遗产从申报到保护、监测、管理等完整的监管体系。

然而，在国家层面，目前我国尚未出台专项的世界遗产法律，其保护大多依据《文物保护法》《环境保护法》《自然保护区条例》《风景名胜区条例》《历史文化名城名镇名村保护条例》等法律法规中国家级保护地的相关规定。但由于体系庞杂，缺乏针对性，造成了遗产地机构设置、资金来源、违章处罚等具体管理工作规范分散、协调困难、执法不严。值得庆幸的是，目前我国已经启动了世界遗产地国家层面立法的相关工作。

（二）管理体系层面的创新及评估

我国世界遗产地的政府管理并非由单一部门负责，而是在国家层面形成了与现行行政体制相对应的部门分工负责的管理方式。2002年，国家文物局专门成立了世界遗产处，并于 2011 年在文物保护与考古司正式加挂世界文化遗产司牌子，负责全国世界文化遗产的申报、保护、管理等工作。根据资源类型的不同，可以行使世界遗产地管理权部门还涉及国土资源部、文化部、财政部、环保部、国家发展改革委、国家旅游局、国家林业局、国家宗教局等。在地方层面，各省、直辖市、自治区住建、文物等部门也加强了对辖区内世界遗产的保护和管理工作，当地政府建立了专门的保护管理机构，负责世界遗产的日常保护、管理、监测等工作。目前，我国已基本形成了国家、省、遗产地多层级的保护管理体系。

　　但是，由于不同的政府部门被赋予不同的职能，多头管理势必造成政出多门、互相扯皮、"有利大家争，无利没人管"的弊端，给遗产管理工作带来许多不利影响。比如，江西庐山，整个山体面积为282平方公里，但却分别归属庐山管理局、庐山自然保护区、庐山垦殖场，以及庐山所在地九江市的星子县、庐山区、九江县管辖，当地人曾形象地描述为"一山六治"。因为政出多门、职能交叉、权责模糊，由此形成的利益纷争不断，最后竟出现了海拔800米以下归星子县管理、海拔800米以上归庐山管理局管理的尴尬局面。1996年、2000年、2010年，江西省也曾多次试图整合管理资源，打破庐山多头管理的格局，但最终都因为涉及利益分配、边界划分、精简机构等难题而不了了之。[1]

第四节　森林公园和地质公园的旅游制度创新及评估

　　森林公园和地质公园的旅游制度创新是我国旅游业制度创新体系中的重要内容之一，应该引起足够的重视。

一　我国森林公园概况

　　森林公园是指"森林景观优美，自然景观和人文景物集中，具有

---

　　[1]　董显平：《庐山争夺战》，《中国新闻周刊》2013年第3期。

一定规模，可为人们提供旅游休闲或进行科学、文化、教育活动的场所"。① 它可以分为三个等级，即国家级森林公园、省级森林公园和市、县级森林公园，② 其中森林景观特别优美，人文景物比较集中，观赏、科学、文化价值高，地理位置特殊，具有一定区域代表性，旅游服务设施齐全，具有较高知名度的森林公园可经国家林业局批准确定为国家级森林公园。

　　1979 年邓小平提出了"旅游事业大有文章可做，要突出地搞，加快地搞"的重要指导思想，1980 年 8 月，原国家林业部发出了《关于风景名胜区国营林场保护山林和开展旅游事业的通知》，指出"优美的森林环境为人们游览休憩提供了良好场所"，要求"风景名胜区的国营林场和有条件的自然保护区，可以采取不同形式积极开展旅游事业"。1982 年 9 月 25 日，经当时的国家计委批准，我国第一个森林公园——湖南张家界国家森林公园正式建立，开启了我国森林公园和现代旅游发展的新纪元。

图 4 - 7　我国第一个森林公园——张家界森林公园

---

① 《森林公园》，http://baike. baidu. com/view/68284. htm.
② 王兴国、陈鑫峰：《森林公园和森林旅游业发展概览》，《绿化与生活》2001 年第 1 期。

经过 30 多年的发展壮大，截至 2012 年年底，我国已经建立各级森林公园 2855 处，其中国家级森林公园 764 处，规划总面积达 1038.6 万公顷，范围遍及除港澳台的 31 个省、直辖市、自治区。这些森林公园不仅成为各地最重要的生态屏障、天然氧吧、城市绿肺，而且保护了众多自然和人文景观。目前，全国已有 13 处森林公园纳入世界遗产地保护范围，14 处森林公园纳入世界地质公园保护范围。

另外，森林公园还促进了区域旅游和地方经济的发展。从 1993 年开始，我国森林公园年游客接待量一直保持两位数的增长速度，全国森林公园游客接待量 2002 年首次突破 1 亿人次大关，2011 年达到 4.68 亿人次，2012 年达到 6.8 亿人次，森林旅游创造的社会综合产值高达 4400 亿元。越来越多的农民还依托森林公园发展与旅游相关的第三产业实现了增收致富，据测算，我国 2800 多个森林公园，至少可以使 3000 个乡、15000 个村、近 3000 万农民受益，直接吸纳 60 多万个农业人口就业。

当然，我国森林公园发展起步较晚，还存在不少瓶颈性问题。因此，森林公园旅游影响力不强、政策引导不够、基础设施不完善、经费投入不足等问题还有待于在进一步发展中不断解决完善。

二　森林公园的旅游制度创新及评估

1992 年，原林业部在造林经营司国有林场处的基础上，成立了"林业部森林公园管理办公室"，实行"两套机构，一套人马"；2002 年，国家林业局在国有林场和林木种苗工作总站加挂了"国家林业局森林公园管理办公室"牌子；2011 年又在此基础上成立了"国家林业局森林公园保护与发展中心"。

管理机构的日益完善，加快了部门规章制度的出台。1994 年 1 月，原林业部颁布了《森林公园管理办法》。1996 年 1 月，原林业部颁布了《森林公园总体设计规范》，为森林公园的总体设计提供了标准。1999 年，由国家技术监督局颁布《中国森林公园风景资源等级评定》国家标准。① 2011 年 8 月，实施《国家级森林公园管理办法》。2012 年，实施了《国家级森林公园总体规划规范》。在现实中，由于我国森林公园条块分割、权属不一，而《森林法》《环境保护法》等法律又缺乏针对性，涉及森林公园的制度法律层级低，对外约束力差，在很大程度上严重制约了森林公园建设和森林旅游的发展。

三　我国地质公园概况

地质公园（Geo Park）是指"以具有特殊地质科学意义、稀有的自然属性、较高的美学观赏价值，具有一定规模和分布范围的地质遗迹景观为主体，融合其他自然景观与人文景观而构成的一种独特的自然区域"。② 地质公园既提供具有较高科学品位的观光旅游、度假休闲、保健疗养、文化娱乐的场所，又是地质遗迹景观和生态环境的重点保护区、地质科学研究与普及的基地。

20 世纪末，联合国教科文组织（UNESCO）发出了"创建世界地质公园网络"的号召，并于 1999 年正式提出了建立地质公园计划。1999 年 12 月，国土资源部召开"全国地质地貌景观保护工作会议"，提出了以建设国家和地方不同层次地质公园的形式来推进我国地质遗迹保护工作的方针。2001 年 3 月 16 日，我国公布了江西庐山等 11 处首批国家地质公园名单。

目前，我国地质公园等级体系可分为由联合国教科文组织（UNESCO）评定的世界地质公园、国土资源不评定的国家地质公园、各省国土资源厅评定的省级地质公园和市县级地质公园。截至 2013 年 6 月，我国共有 27 处世界地质公园，占全球总量的近 30%（共 92 处）；已批准建立 6 批共 218 处国家地质公园和近 300 家省级地质公园。黄龙、九寨沟、三清山、武陵源、中国丹霞、三江并流、大熊猫栖息地、中国南方喀斯特 8 处世界自然遗产，泰山、黄山、武夷山、峨眉山—乐山 4 处世界文化和自然双重遗产，庐山、西湖、五台山 3

---

① 徐立新：《森林旅游产品品牌管理问题研究》，博士论文，东北林业大学，2007 年。
② 《地质公园》，http://baike.baidu.com/view/360932.htm.

处世界文化景观。

经过多年的发展，我国地质公园建设不仅为推动全球地质遗迹保护和世界地质公园建设作出了积极贡献，同时也成为当地旅游和经济发展的重要增长点。以河南焦作云台山世界地质公园为例，2009 年，云台山景区共接待境内外游客 326.55 万人次，门票收入 2.54 亿元，分别是 2000 年的 16.3 倍和 63.5 倍，铸造了"云台山模式"，成为我国地质公园旅游发展的典型代表。

图 4 - 8　云台山国家地质公园

图 4 - 9　云台山地貌美景

四　地质公园的旅游制度创新及评估

1999 年全国地质地貌景观保护工作会议召开后，国土资源部随即着手开展建设地质公园的工作。2000 年，国土资源部编制了《国家地质公园总体规划指南》，印发了《关于申报国家地质公园的通知》，出台了《国家地质公园总体规划工作指南》《国家地质公园评审标准》，主要指导国家地质公园规范工作。2001 年，国土资源部在国土资源司成立了国家地质公园领导小组和国家地质公园评审委员会，下设国家地质公园办公室，负责地质公园建设等重大政策决策和审批等工作。2007 年 12 月 26 日，国土资源部地质环境司下发了《加强世界地质公园和国家地质公园管理工作的通知》，对涉及地质公园的管理机构、规划、建设、地质遗迹保护、科普、科研等 10 个方面提出了具体要求。2009 年，国土资源部制定了《中国国家地质公园总体规划技术要求》，其中对合理调整、明确界定地质公园边界和范围，建立地质遗迹数据库，制定保护规划等工作做出详细规定。

另外，我国还建立了国家地质公园督察员制度，目前设立的 90 名督察员已在全国 31 个省、市、区不定期地对现有国家地质公园进行检查监督。他们的具体责任是检查公园执法、公园建设、规划编制及贯彻执行情况、地质遗迹经费使用情况、调查地质遗迹遭破坏事件等，并向国土资源部报告检查结果。

然而，在地质公园法律法规方面，我国目前除了《环境保护法》《矿产资源法》《地质遗迹保护管理规定》等法律外，没有其他的关于地质公园的管理、开发、经营等方面的相应法律、法规出台，这就使地质公园开展生态旅游缺乏强有力的法律保障。另外，由于许多具有重大地质意义的地质遗迹资源处于贫困地区，前期资金投入不足，缺乏建设地质公园的必要前提，造成相应的调查评估和总体规划无法开展。

地质公园与其他公园最明显的区别，就是把普及地球科学知识作为公园建立的重要目的，但目前科普与旅游的有机融合还困难重重。例如，有些传统的著名风景名胜区，尤其是以文化著称的名山在评为国家地质公园后，其文化景观的知名度掩盖了地质遗迹的科学性，对地学旅游品牌的打造贡献不大。还有的地质公园宣传本末倒置，游客对非科学信息的认知超过对地质遗址本身的了解。更多的问题还来自于我国地质公园的总体规划要求的不规范，特别是在人员配置、解说体系等方面存在粗糙和不标准的地方，造成地学信息所表达的生动通俗程度与旅游景观美感程度结合的还不连贯、不到位。这样的结果只能使游客对地质科学的了解程度及留有的印象，仍属于风景石瀑附庸的浅认知阶段。

第五节　工业旅游的制度创新及评估

工业旅游是指"旅游产业发展到一定阶段以后，在工业经济优势地区或工业遗产区产生的，以工业生产过程、工厂风貌、工人生活以及工业发展历史、发展成就、产业形态、企业文化等内容为主要吸引物的旅游活动，是工业与旅游相融合的新型旅游形式"。[1] 工业旅游的发展受到制度约束，亟须进行制度创新。

一 我国工业旅游概况

工业旅游起源于欧洲，20 世纪 50 年代，由法国汽车制造企业雪铁龙公司首开先河。与发达国家相比，我国工业旅游起步较晚，20世纪 90 年代中期，少数有实力或独具特色的企业集团出于营销目的推出一些参观项目，成为工业旅游的雏形。1994 年，中国第一汽车集团公司在长春成立实业旅行社，开放了解放卡车、红旗轿车、捷达轿车三条生产线和汽车研究所样车陈列室供游客参观。随后，北京三元乳业、上海宝钢、青岛啤酒、燕山石化等企业也开始涉足工业旅游。

进入 21 世纪，在旅游主管部门的大力推广、引导和规范下，各地企业陆续推出了一批较为成熟的工业旅游景点和线路，使我国工业旅游初具规模。2001 年，国家旅游局把推进工业旅游列入旅游工作要点，在对青岛市开展的工业旅游情况进行调研后，制定了《工业旅游发展指导规范》，并开始启动全国工农业旅游示范点候选单位推荐评选活动。2004 年 7 月，在对各省上报的工业旅游示范点进行筛查验收后，国家旅游局对 103 家企业授予了首批"全国工业旅游示范点"称号，到 2007 年，先后有 4 批 345 家工业企业获得这项荣誉，成为全国发展工业旅游的样板。

目前，工业旅游在我国主要是在具有一定知名度的名牌企业中开展，旅游内容集中于：参观企业标志性建筑、企业特有的人文景观以及厂区美化绿化建设；了解企业生产制造过程，增长知识，拓宽旅游者视野；学习企业先进的管理经验，感受企业文化；认识该企业或该行业的发展历史，纵观企业或行业全貌。[2] 应该看到，由于工业化时间短，工业遗产数量不多，而且大部分企业对开展旅游的经验不足，

---

[1] 《工业旅游》，http://baike.baidu.com/view/1386781.htm.
[2] 孔琳：《工业旅游发展现状和推进对策》，《商业时代》2006 年第 19 期。

我国工业旅游发展的水平与国外发达国家相比还存在不小的差距。

图 4 - 10   全国工业旅游示范点徽标

首先，认识上不足。"工业"与"旅游"处于两张皮状态。有的企业虽然开发了工业旅游，增设了旅游接待部门，但也仅仅是将计划经济时期单一的接待职能转换为旅游服务，服务对象从以前的上级领导转变为普通群众，服务内容由以前的汇报工作转变为浏览参观，服务性质从以前的免费参观转变为有偿服务而已；甚至有的企业认为，向游客开放厂区带来的收益不大，还得投入精力、财力，是得不偿失的"不务正业"行为。

其次，投入上不足。工业旅游的门票收入对一些大型企业来说往往微不足道，由于缺乏诱惑力，企业对工业旅游的投入有限，造成一些得天独厚的旅游资源未被开发，甚至"酣睡"；还有的企业虽然也曾考虑开发工业旅游，但出于游客自身安全或商业机密泄露问题，最终只能放弃或减少投入。

最后，营销上不足。受规模、条件的限制，现在工业旅游缺乏市场开发的主动性，仍然局限在"走马观花"的简单参观，线路景点设置少，游客停留时间短，无法理解企业的文化精髓和特色优势，造成亲和度不高、重游率低。另外，许多工业旅游缺少产品宣传，接待服务不够到位，甚至在内容编排、游览讲解等方面也存在不科学的地方。

二　我国工业旅游的制度创新及评估

近些年来，我国工业旅游蓬勃发展，为进一步提高旅游服务的专业化水平和质量，国家旅游局于 2001 年出台了《工业旅游发展指导规范》，并在 2004 年授予了首批 103 家企业为全国工业旅游示范点，明确支持有条件的地方开展工业旅游。随后，具有一百多年工业发展史、工业旅游资源丰富的上海率先走在全国工业旅游的前列，带动了一系列工业旅游制度发展的创新。

2005 年 5 月，在原上海市经济委员会批准下，上海工业旅游促进中心成立，这是我国第一家配合政府部门发展工业旅游的专业服务机构。为提升景点的管理服务水平，2007 年上海市旅游局编写了《上海工业旅游、乡村旅游景点导读》，并首次对全市工业旅游中高层管理人员、导游人员进行了形式多样的培训活动。为促进工业旅游区域协同发展，2008 年上海工业旅游年票中首次增加了 15 家江苏、浙江的工业旅游景点，并推出了 15 条长三角工业旅游路线。2009 年，《上海市工业旅游景点服务质量要求》在全市实施，这是由上海工业旅游促进会受上海市旅游局委托制定的全国首个工业旅游地方标准，有力地推动了上海市工业旅游向集约型、效益型、品牌化方向发展。随后，北京、山东、江苏、天津等 20 多个省市的相关部门纷纷来沪学习经验，或成立工业旅游促进中心，或制定工业旅游地方标准，掀起了全国工业旅游发展的热潮。

然而，与农业旅游等其他专项旅游相比，我国工业旅游的配套制度措施还比较缺乏，甚至到目前尚未制定一部工业旅游的国家标准，许多普遍存在的瓶颈问题难以解决，无法有效激发工业企业、旅行社的开发、运营积极性，这在很大程度上制约了我国工业旅游的进一步提升。不过，值得期待的是，上海工业旅游促进中心已受国家旅游局的委托，正在抓紧编制工业旅游国家标准，现已进入初稿形成阶段，出台中国首部工业旅游国家标准指日可待。

图 4 – 11　　上海工业旅游年票

第六节　乡村旅游的制度创新及评估

乡村旅游是指"以农业生产、农民生活、农村风貌以及人文遗迹、民俗风情为旅游吸引物，以城市居民为主要客源市场，以满足旅游者乡村观光、度假、休闲等需求的旅游产业形态"。① 作为目前较为火热的旅游形式，乡村旅游的制度创新决定着乡村旅游发展的速度和方向。

一　我国乡村旅游概况

欧洲是世界乡村旅游的起源，19 世纪中叶，法国的贵族就经常到郊外的乡村旅游度假，而 1865 年意大利更是成立了"农业与旅游

---

① 于歌、李国柱：《我国乡村旅游发展的问题与对策研究》，《旅游管理研究》2013年第 2 期下半月刊。

全国协会"，介绍市民去农村体验休闲度假，也标志着乡村旅游的发轫。

　　我国最早的乡村旅游始于20世纪50年代，当时山东省安丘县石家庄村率先开展了乡村旅游活动，但只是为了外事接待的需要。20世纪80年代真正意义上的乡村旅游开始拉开序幕。1984年，广东省珠海市斗门县白藤湖建成了我国首座农民度假村；1988年6月，深圳市成功举办了首届荔枝节，随后又开办了采摘园，取得了较好的效益；1987年，成都市郫县农科村开始利用川派盆景、苗圃接待游客观光，规模逐渐壮大；1992年3月，时任四川省委副书记的冯元蔚（民间文艺学家）在视察农科村旅游时题写了"农家乐"的字幅，农家乐旅游因此而得名，2006年农科村被国家旅游局授予"中国农家乐旅游发源地"的称号。

图4－12　四川成都郫县农科村

　　1998年，国家旅游局推出了以"华夏城乡游"为主题的旅游年活动，提出"吃农家饭、住农家院、做农家活、看农家景、享农家乐"的口号。全国各地相继推出了以农家乐、度假村、野营地、休闲农庄、民俗文化村、生态农业观光园、农业科普示范园、农业教育园、乡村俱乐部等为主要形式的乡村旅游。从此，我国乡村旅游以其景观的丰富性、地域的多样性、文化的民间性和价格的亲民性逐渐成为一种新的大众旅游消费方式。

　　据不完全统计，2011年全国已有农家乐150多万家，5.3万个村庄开展乡村旅游，接待游客超过6亿人次，旅游收入超过1500亿元。目前，城市居民小长假出游中，70%以上选择乡村旅游，直接带动

1500 万农民受益。①

　　作为旅游产业的细分市场，我国乡村旅游经过 30 多年的发展，不仅为城市居民开辟了一片休闲娱乐的空间，培育了新的旅游增长点，而且增加了农民的收入，改善了农村的生产生活环境，促进了城乡经济互动良性发展。

表 4 - 1　　　　　2008—2012 年我国乡村旅游市场规模变化

指标	2008 年	2009 年	2010 年	2011 年	2012 年
农家乐（万家）	128	135	150	>150	180
接待人数（亿人）	3	3.4	4	6	8
年收入（亿元）	560	800	1200	2160	2400

　　数据来源：《2013—2017 年中国休闲农业与乡村旅游深度调研与投资战略规划分析报告》，华研中商研究院，2013 年 2 月发布。

二　我国乡村旅游的制度创新及评估

　　为促进乡村旅游的发展，国家旅游局等部门不断进行制度创新。在 1998 年推出"华夏城乡游"后，国家旅游局把 1999 年确定为"生态旅游年"，积极引导鼓励各地开展乡村农业生态旅游。2001 年，国家旅游局出台了《农业旅游发展指导规范》；2003 年，上海市颁布实施了《农家乐旅游服务质量等级划分》，是我国第一个地方性乡村旅游标准。2004 年，国家旅游局开展了首批全国农业旅游示范点的评选工作，最终选出 203 个农业旅游示范点，随后三年又进行了三次评选，分别选出农业旅游示范点 156 个、215 个和 179 个。

　　国家旅游局将 2006 年确定为"中国乡村游年"，宣传主题是"新农村、新旅游、新体验、新风尚"。这一口号的提出，进一步调动和激发了全国各地发展乡村旅游的积极性，为乡村旅游的全面发展提供了强有力的政策支持和广阔的历史舞台。2007 年 4 月，国家旅游局和农业部联合下发了《关于大力推进全国乡村旅游发展的意

---

　　①　丁培卫：《近 30 年中国乡村旅游产业发展现状与路径选择》，《东岳论丛》2011 年第 7 期。

见》，并成立全国乡村旅游工作领导小组和相关工作机构，在调查研究、组织推动、工作指导、服务协调、政策研究等方面开展有效合作，取得了积极成效。2010年7月，农业部和国家旅游局联合下发《关于开展全国休闲农业与乡村旅游示范县和全国休闲农业示范点创建活动的意见》，提出从2010年起，利用3年时间，培育100个全国休闲农业与乡村旅游示范县和300个全国休闲农业与乡村旅游示范点。

这些制度的创新极大地促进了我国乡村旅游的蓬勃发展，对于解决"三农"问题和调整农村产业结构都产生了积极的推动作用。但是，由于政策执行的偏差，我国的乡村旅游制度也存在许多不符合农村经济发展的现实问题。主要表现为：第一，政策管理空间过于宽松，现行制度过于侧重促进乡村旅游的发展。很多地方政府没有制定相应的政策法规来保护和管理乡村旅游，经营无章可循，游客的权利无法得到切实保护，政府行政部门管理无法可依。第二，现行制度政策无法促进乡村旅游实现规模效益，由于缺乏整体规划，相关景点各自为政，小而分散，许多乡村旅游地处于自发、盲目、无序的状态，旅游产品雷同、品位不高、生命周期短，严重影响了乡村旅游的可持续发展。第三，现行制度缺少对健全服务体系体制建立的引导，造成乡村旅游整体接待水平偏低、配套设施不完善，很难适应目前激烈的旅游市场竞争。

第七节　旅游业政府管理体制的变迁及评估

从我国旅游业形成以来，旅游业政府管理体制历经变迁，形成了一个逐渐从无到有、从不完善到完善的过程。

一　改革开放前旅游管理体制的变迁及评估（1949—1978年）

改革开放前，我国的旅游业只是外事工作的一部分，主要承担政治性的接待工作。从1949年到1963年，我国没有专门管理旅游业的行政机构，政府的旅游管理职能主要由中国国际旅行社实际代行。

1964 年，中国旅行游览事业管理局成立，标志着新中国旅游业的行
政主管机构诞生。1965 年，党中央、国务院提出发展旅游应采取
"政治挂帅，稳步前进，逐步发展"的方针。这一时期，中国旅行游
览事业管理局与中国国际旅行社政企合一，"两块牌子，一套人马"。

1966 年至 1970 年，由于受到"文化大革命"的冲击，原有的政
府管理体制遭到严重破坏，旅游工作几乎全面陷入停顿，接待人数逐
年下降，例如 1966 年上半年国旅接待 500 多人，1968 年仅接待 303
人。① 这一时期，我国旅游业政府管理体制虽然从无到有逐渐建立，
但之后没有大的变革，管理模式为典型的政企合一，旅行社等都属于
国家事业单位，没有真正意义上的旅游企业，国内旅游在这一时期几
乎为零。

二 新旧体制并存时期旅游管理体制的变迁及评估（1978—1991 年）

1978 年十一届三中全会后，党中央逐步确立了计划经济为主、
市场调节为辅的改革原则和改革模式。② 为适应经济体制的改革和旅
游业发展的需要，旅游管理体制也进行了重大的改革。1978 年 3 月 5
日，中共中央批转了外交部《关于发展旅游事业的请示报告》，将中
国旅行游览事业管理局改为直属国务院的管理总局。各省市区成立旅
游局，负责管理各地方的旅游事业，并在中央成立由分管副总理亲自
挂帅的旅游工作领导小组。1982 年，中国旅行游览事业管理总局更
名为国家旅游局。这样逐渐形成了比较完整的旅游行政管理体系。③

1979 年 9 月，国务院领导同志在听取旅游工作会议情况的汇报
时，提出旅行社、饭店、车队要逐步实行企业化管理，搞经济核算，
按经济规律办事。1981 年 10 月 10 日，国务院作出《关于加强旅游

---

① 李平：《新中国旅游管理体制的演变与启示》，《中国经济史研究》2003 年第 3 期。
② 中共中央文献研究室：《三中全会以来的重大决策》，中央文献出版社 1994 年版，
第 128 页。
③ 李平：《新中国旅游管理体制的演变与启示》，《中国经济史研究》2003 年第 3 期。

工作的决定》，要求旅游业实行统一领导、分散经营的管理体制。
1982 年 7 月 17 日，旅游总局与国旅总社分开办公。总局作为国家管理全国旅游事业的行政机构，统一管理全国旅游工作，不再直接经营组团和接待任务；总社统一经营外国旅游者来华旅游业务，实行企业化管理。1984 年 7 月，国务院批转国家旅游局《关于开创旅游工作新局面几个问题的报告》中，要求国家旅游局和各级旅游行政管理部门都要简政放权，旅游企业都应实行企业化管理，成为独立经营、自负盈亏的经济实体。1985 年 1 月底，国务院批转了《关于当前旅游体制改革几个问题的报告》，提出了旅游管理体制实行"政企分开，统一领导，分级管理，分散经营，统一对外"的原则。[1] 1985 年 5 月11 日，国务院发布了《旅行社管理暂行条例》，这是旅游产业第一部行政法规。1986 年 4 月，在六届全国人大四次会议上，旅游业首次被列入国民经济和社会发展计划，这是旅游业向经济方向发展以来的一次巨大进步。1988 年，旅游管理体制改革按照党的十三大确定的"国家调控市场，市场引导企业"的原则，深化了改革。1991 年 2月，国务院批转国家旅游局《关于加强旅游行业管理若干问题请求的通知》，强调了国家旅游局和地方各级旅游部门对旅游的全行业管理。[2]

但是旅游业在表面繁荣的状态下，也隐藏着许多发展隐患。"五个一起上"的方针使旅游的行业壁垒拆除，国外资金和社会资金大量涌入旅游业，形成全国办旅游，旅游市场竞争更加激烈。[3] 以饭店业为例，由于大量利益主体强烈的投资动机造成了我国饭店业的平均增长速度过快，饭店业总体规模不断扩大且规模难以控制。我国涉外饭店的数量从 1978 年的 203 家增加到 1991 年的 2130 家，而且发展比例失调，饭店宾馆高、中、低档比例大致在 3 : 5 : 2 左右，同国际饭

---

[1] 王诚庆、戴学锋、金准：《中国旅游业发展中的体制改革与创新》，载于何德旭主编《中国服务业发展报告 No. 5》，社会科学文献出版社 2007 年版。

[2] 李平：《新中国旅游管理体制的演变与启示》，《中国经济史研究》2003 年第 3 期。

[3] 同上。

店业 1∶4∶5 的结构安排相差甚远。其结果是国际旅游供给宏观失控，平均房价大幅度降低，造成恶性削价竞争，严重影响了我国旅游业在国际旅游市场上的形象和声誉。而且 2000 余家涉外饭店分属几十个系统、400 多个单位和部门，条块分割严重，规模经济优势难以发挥，同时有 25%—35% 的饭店宾馆是事业单位或事业单位企业管理，这些饭店依靠其强硬的后台和优惠政策同企业性饭店互抢客源，但管理水平和服务质量普遍较低，不仅影响我国饭店声誉，而且造成市场秩序混乱，经济调节杠杆失灵。①

三　社会主义市场经济时期旅游管理体制的变迁及评估（1992年至今）

1994 年 3 月，国务院办公厅批准印发了《国家旅游局职能配置、内设机构和人员编制方案》（"三定"方案），对旅游管理体制进行了较大改革。1997 年党的十五大以后，国家旅游局的机构进行了大幅度精简和职能转变，国家旅游局机关与直属企业实现了彻底脱钩，旅游法制建设加快步伐，行业管理进一步向大旅游、大市场、大产业的方向推进，旅游管理体制加速与社会主义市场经济接轨。1998 年，国务院办公厅印发国家旅游局机构改革"三定"方案，对现有机构设置和人员编制进行了近一半的精简，明确国家旅游局是国务院主管旅游业的直属机构，在职能方面，不再保留对旅游外汇、旅游计划、旅游价格的管理职能。②

目前，我国旅游行业管理的主体主要是各级旅游局，由于旅游局管理职能的局限性，使得旅游行业管理多年来缺乏全面性、权威性。③特别我国旅游业管理中存在严重的"政出多门"现象，如旅游吸引物的管理，风景名胜区归建设部或风景名胜管理委员会管理，森林公园归林业部管理，自然保护区归环保局管理，名刹寺庙归宗教局管理

---

① 蔡万坤：《饭店行业竞争格局及对策思考》，《旅游学刊》1992 年第 2 期。
② 李平：《新中国旅游管理体制的演变与启示》，《中国经济史研究》2003 年第 3 期。
③ 同上。

等。许多企业虽名为旅游企业，但分属不同的行政部门。① 这使旅游行业管理难以做到对全行业的有效管理，形成许多管理重叠和管理真空，成为旅游业发展的瓶颈。②

第八节　旅游业具体制度创新及评估

随着旅游业的繁荣发展，旅游业收入越来越成为一个国家收入的重要来源，其支柱性产业的地位也越加明显。为此，我国先后推出创新了一系列法律法规、制度机制和条例办法，如《中国公民出国旅游管理办法》《旅行社条例》、国务院《关于加快发展旅游业的意见》《中华人民共和国旅游法》等，进一步推动我国旅游业大发展快发展。

一　《中国公民出国旅游管理办法》的创新及评估

2001 年 12 月 12 日《中国公民出国旅游管理办法》（以下简称《办法》）正式出台。这是我国旅游法制建设的一项重要成果，不仅对促进出国旅游的健康发展具有重要意义，而且对推动旅游全行业的发展、提升国家旅游整体形象也发挥了积极作用。《办法》共 33 条，主要包括六个方面的内容：制定办法的目的、出国旅游目的地的审批、经营出国旅游业务的组团社资质和义务、领队的职责、出国旅游者的权利和义务以及处罚规则等，使我国出国旅游的管理手段和管理方式都有了新的突破。

实现了由行政管理向法制管理的转变。以往我国对于公民出国旅游，不论是探亲游还是自费出国游，相关管理制度都是依据国家旅游局和公安部联合制定、经国务院批准的部门规章，对入境、滞留、骗取出境证件等可依据有关规定予以处罚。而《中国公民出国旅游管理

---

① 贾生华：《制度变迁与中国旅游产业的成长阶段和发展对策》，《旅游学刊》2002年第 4 期。

② 李平：《新中国旅游管理体制的演变与启示》，《中国经济史研究》2003 年第 3 期。

办法》是由国务院总理签署的、以国务院令发布的行政法规，对违反规定的行为设立了明确的处罚规则。因而从依法管理的依据看，《办法》立法规格越来越高，法律效益越来越强，逐步实现了从行政管理到法制管理的转变。

实现了由计划手段向市场手段的转变。以往我国对经营出国游的旅行社有着数量上的明文规定，这就难免带有一些国家指定和专营的色彩。而《办法》进一步强化了市场化原则。比如，明确设立、批准和取消组团社资格的相关条件和程序，规定其主要依据是入境游业绩和服务质量；把组团社的规模由几十家扩大为几百家，减少了指定和专营色彩，使老百姓办理出国游更为方便；对组团社经营行为的要求也更为详细具体。这些规定都充分体现了公开、透明的市场化运作原则。

实现了由对组织出游的一般要求向确保服务质量的转变。以往我国对出国游的管理只是一般性规定，而对服务质量基本没有具体要求。《办法》则有超过一半的条文是保障出国旅游者的合法权益的，如规定"组团社应当为旅游团队安排专职领队""领队不得与境外接待社、导游及为旅游者提供商品或者服务的其他经营者串通欺骗、胁迫旅游者消费""应当与旅游者订立书面旅游合同"等，这些规定对维护出国旅游者的合法权益和提高组织者服务质量都提供了有力的保障。

二　《旅行社条例》的创新及评估

1996 年我国将 1985 年出台的《旅行社管理暂行条例》修改为《旅行社管理条例》，2009 年 1 月又进一步修改定名为《旅行社条例》（以下简称《条例》），主要内容共 7 章 68 条。从条例名称来看仅仅删去了"管理"二字，但却具有很大的深层意蕴，这种变化意味着政府职能由重审批向重监管转变，在规范企业经营行为的同时，也进一步规范了政府部门的行为，更加有利于企业经营能力的拓展和推动旅游业的市场化。

创新性地建立了旅行社质量保证金动态管理制度。《条例》规定，"旅行社应当按照规定交纳旅游服务质量保证金，用于旅游者权益损害赔偿和垫付旅游者人身安全遇有危险时紧急救助的费用"。但这一规定并非只是惩罚性的，因为这笔费用对那些诚实守信、依法经营、无不良记录的旅行社可以在达到一定条件后，得到一定比例的返还。也就是说这笔费用始终处在一种动态变化之中，违反规定使用保证金，旅行社需要及时补足，相反表现良好又可得到相应的"奖励"，因而整体来看是有利于减轻企业经营负担的。

创新性地将旅行社的审批权限完全下放。由于取消了旅行社类别划分，《条例》规定，国际旅行社由国家旅游局审批，国内旅行社由省级旅游局审批。这里保留国家旅游局对出境旅游业务经营的审批，只是对出境旅游业务的审批，而不是对旅行社设立的审批。即旅行社由省级旅游局审批设立，如果旅行社申请经营出境旅游业务，则由国家旅游局审批。这一规定有效解决了许可部门与管理对象跨度过大、相互脱节的问题，进一步强化了地方旅游行政管理部门的职责。

创新性地将旅行社国内游业务和入境游业务准入条件做了统一规定。《条例》规定，取得旅行社业务经营许可后，就既可以经营国内旅游业务，也可以经营入境旅游业务。同时，《条例》还将经营入境旅游业务所需的注册资本最低限额，由人民币 150 万元降低为 30 万元，大大降低了入境旅游市场的准入门槛。

三　《关于加快发展旅游业的意见》的创新及评估

2009 年 12 月 1 日，国务院印发了《关于加快发展旅游业的意见》（以下简称《意见》），这是新时期国务院对旅游业发展的第一个文件。《意见》由总体要求、主要任务和保障措施等 3 大部分 20 个条款组成。明确到 2015 年，我国旅游业总收入年均增长达到 12% 以上，旅游业增加值占全国 GDP 比重提高到 4.5%，占服务业增加值 12% 的总体目标，并提出"要把旅游业培育成为国民经济战略性支柱产业和人民群众更加满意的现代服务业"。[①] 这一《意见》的出台对于我

---

① 辽宁省人民政府网，http：//www.ln.gov.cn/zfxx/zfwj/gwywj/200912/t20091218_461460.html.

国旅游业发展具有重要的里程碑意义。

对我国旅游业的定位具有突破性进展。就旅游业在国民经济中的地位上，《意见》将旅游业定位为国民经济的战略性支柱产业和人民群众更加满意的现代服务业，这是目前我国对各类产业定位最高的。关于我国对旅游业观念认识上，《意见》把鼓励积极旅游休闲作为促进人的全面发展的重要途径，这是一个历史性突破，改变了以往只将旅游业简单看作是吃喝玩乐，把旅游作为人们的奢侈生活方式，并非必需品和基本需求的观念，极大地优化发展了旅游业的整体社会环境。①

对我国旅游业发展战略具有突破性进展。《意见》强调以发展国内游为基础，提出"坚持以国内旅游为重点，积极发展入境旅游，有序发展出境旅游"的市场战略。提出到 2015 年，国内旅游人数达 33 亿人次，年均增长 10%，城乡居民年均出游超过 2 次，旅游消费相当于居民消费总量的 10%。《意见》强调充分发挥市场配置资源的基础性作用，提出要放宽旅游市场准入，打破行业、地区壁垒，简化审批手续，鼓励社会资本公平参与旅游业发展，鼓励各种所有制企业依法投资旅游产业。在五年内，实现各级各类旅游行业协会的人员和财务关系要与旅游行政管理等部门脱钩，这些都是这一文件的重大战略调整。②

对我国旅游业资金支持上具有突破性进展。长期以来，我国的旅游业发展投入大部分都是靠政府，其他融资渠道几乎没有。《意见》一方面要求地方各级政府要加大对旅游基础设施建设的投入，加大对旅游宣传推广、人才培训、公共服务的支持力度。另一方面要求加大金融支持，拓宽旅游企业融资渠道，金融机构对商业性开发景区可以开办依托景区经营权和门票收入等质押贷款业务；鼓励中小旅游企业和乡村旅游经营者以互助联保方式实现小额融资；鼓励符合条件的旅

---

① 石培华：《〈国务院关于加快发展旅游业的意见〉的重要突破和里程碑意义》，《中国旅游报》2010 年 4 月 21 日。

② 同上。

游企业在中小企业板和创业板上市融资等，① 这对旅游业融资是一个极其有力的保证。此外，《意见》还首次提出人均出游的指标，即人均出游超过两次，强调要加强旅游市场监管和诚信建设、加强旅游从业人员素质建设、加强基础设施和公共服务体系建设等，突出乡村旅游富民工程、旅游节能节水减排工程、旅游厕所改扩建工程等"三大工程"。这些规定详细、具体、可操作性强，是对发展旅游业的重要创新。

四　《中华人民共和国旅游法》的创新及评估

2013 年 4 月 25 日我国第一部真正意义上的《中华人民共和国旅游法》（以下简称《旅游法》）正式出台。这部法律以保障公民旅游权利的实现为立法目标，确立了旅游者和旅游经营者以及导游人员合法权益保护制度、旅游规划和促进法律制度、旅游资源的开发利用和保护制度、旅游综合协调和监管制度、旅游经营规范制度、旅游合同法律制度、旅游安全保障制度、旅游纠纷处理制度等，为满足人民群众的旅游需求提供了全方位的制度保障，标志着我国旅游业进入了依法兴旅、依法治旅的崭新时期。

以保障旅游者合法权益为主线，充分体现民本思想。进入新世纪，世界各国在立法或者修改法律中，对于旅游者权利和义务越来越重视。我国《旅游法》第二章，对旅游者的各项权利和义务进行了规范，不仅体现了权利义务的一致性，而且明确履行义务有利于更好地实现旅游者合法权益。② 除此之外，整部法律从旅游经营、旅游服务合同、旅游监督管理等都对旅游者权益保护做了制度规范。特别是对人民群众普遍关注的旅游公共服务、市场秩序、安全保障及旅游纠纷解决等问题都做了详细规定，③ 极大地体现了党和国家坚持民本思

---

① 石培华：《〈国务院关于加快发展旅游业的意见〉的重要突破和里程碑意义》，《中国旅游报》2010 年 4 月 21 日。

② 韩玉灵、武冰欣：《促进旅游业健康发展的重要保障》，《前线》2013 年第 6 期。

③ 同上。

想，在立法中充分尊重民意的价值追求。

致力于规范旅游资源的保护、开发和利用。旅游资源的使用不是无节制的，特别是对一些历史遗迹和传统文化资源，如果不能有效保护，终会有一天在我们的面前消失。因此，纵观各国旅游法律法规和相关制度措施，都对旅游资源的保护倍加重视。我国《旅游法》第三章——旅游规划和促进，规定"旅游发展规划应当与土地利用总体规划、城乡规划、环境保护规划以及其他自然资源和文物等人文资源的保护和利用规划相衔接"，① 充分重视对旅游资源的保护，努力消除对旅游资源开发和使用中的盲目性、掠夺性和破坏性做法。同时，进一步提出资源的开发要建立在政府的统一调度下，"规划和建设交通、通信、供水、供电、环保等基础设施和公共服务设施，应当兼顾旅游业发展的需要"。② 这充分地体现了资源开发与保护并重的科学发展理念。

既立足解决眼前问题，又考虑旅游业长远发展。《旅游法》对行政规范和民事规范都高度重视。针对社会呼声较高的"零负团费"、强迫购物、景区门票无序上涨、旅游资源及其经营管理中跨区域分割等问题，都进行了针对性的规定和认定。如在合同部分，针对旅游活动的特殊性设定相关规范，突显民事规范在维护市场秩序和保护各方权益方面的作用；按照市场经济发展规律，明确并细化了旅游市场主体间的权利和义务关系，建立了统一的旅游服务标准体系和公正的市场规则。③ 从而达到了既解决现实问题，又保证我国旅游业持续健康发展的立法目的。

---

① 中华人民共和国中央人民政府官网. http：//www. gov. cn/flfg/2013 - 04/25/content_2390945. htm.

② 韩玉灵、武冰欣：《促进旅游业健康发展的重要保障》，《前线》2013 年第 6 期。

③ 同上。

第五章 世界旅游强国制度建设经验的比较分析

国外旅游业起步较早，形成了丰富有益的经验，对我国旅游业发展中的制度建设和制度创新具有重要的借鉴意义。通过对世界旅游强国的比较分析，可以系统地梳理和总结国外旅游业制度建设的经验，从中获得有益启示，为我国旅游业制度建设提供参考。

第一节 西班牙旅游制度建设经验

西班牙气候温和、风景秀丽、人文独特，被誉为"旅游王国"。西班牙旅游业制度建设起步较早，形成了一整套推动旅游业发展的制度体系，为本国旅游业发展提供了坚实保证。

一 西班牙旅游业概况

西班牙发展旅游业开始于 1902 年，在 20 世纪上半叶，西班牙以文化旅游为特点，注重用异国情调吸引欧洲特别是来自英国上层阶级的游客。第二次世界大战后，随着人们生活水平的提高和带薪假期的实行，中产阶级和欧洲的工人阶级渐渐产生了休闲和旅游的需求，20世纪 50 年代后，西班牙着力打造以阳光海滩为主的旅游目的地，开始发展大众旅游，从此步入旅游大国的行列。

目前，旅游业是西班牙国民经济的第一大产业，约占 GDP 的11%，旅游业提供的 200 万个就业机会，约占全国就业岗位的 12%。根据世界旅游组织统计，2010 年西班牙旅游外汇收入达到 525 亿美元，位居世界第二，仅次于美国；接待入境旅游人数达到 5270 万，位居世界第四，仅次于法国、美国和中国。而同期中国的旅游外汇收入为 458 亿美元，位居世界第四；入境旅游人数为 5570 万，位居世界第三。2013 年 1 月 12 日，西班牙《五日报》报道，根据西班牙工业、能源和旅游部的统计，2012 年西班牙共接待外国游客 5789 万人，比 2011 年增长了 2.9%，创 2008 年以来新高；入境旅游收入为 557.77 亿欧元，比 2011 年增长 5.9%。

表 5-1 西班牙近年来入境旅游人数及收入情况

单位：万人；亿欧元

年份	2004	2005	2006	2007	2008	2009	2010	2011	2012
人数	5085	5242	5591	5800	5866	5719	5217	5623	5789
收入	437.58	460.06	482.43	512.98	516.94	479.62	489.26	526.61	557.77

数据来源：根据中国驻西班牙大使馆经济商务参赞处资料整理。

二 西班牙旅游业的制度建设

为恢复"二战"带给西班牙经济的创伤，赚取外汇，西班牙开始尝试旅游制度的转变。20 世纪 50 年代，西班牙更加关注大众旅游，旅游业进入大众旅游的新时期。从 1950 年到 1962 年，西班牙对旅游业进行了广泛立法，比如颁布了《旅游区和景点法》，等等。在这个时期，西班牙政府还编写了《国家旅游发展计划研究》《国家旅游发展计划研究》等旅游规划，对旅游机构进行了改革。1938 年设立的旅游总局在 1951 年改革为信息产业和旅游部，1962 年建立了旅游副部，下设两个秘书处，分别管理推广企业和旅游活动。西班牙政府还创建了旅游协会、酒店管理学校和官方旅游学校，并对私立旅游学校开始进行监督和管理。但这些立法只是以保护消费者和确保旅游服务质量为标准，缺乏监管的系统性，缺乏整体规划，计划也就未能顺利实现预期的目标。

1962 年到 1972 年，是西班牙旅游业高速发展的十年，不仅外国游客人数增加了 5.7 倍，由 1962 年的 600 万人次增加到 1973 年的 3455.89 万人次，而且旅游收入增长了 6.2 倍，由 1962 年的 5 亿美元增加到 1973 年的 31.24 亿美元。可以说,当时的西班牙已经崭露头角,开始跻身到世界旅游强国的行列。为了进一步促进旅游业的规范发展,1963 年 7 月 8 日,西班牙政府颁布了《旅游资格法》;1965 年 1 月 14 日,颁布了《企业和旅游活动规定》。《旅游资格法》将旅游业务的管理权力仅授予给信息产业和旅游部,但不影响其他并存的权力和责任,如卫生、劳动关系等;《企业和旅游活动规定》划分了信息产业和旅游部与其他部门的各自分工,促进了各项旅游政策的实施。至今,这两部法律仍然有效。

1973 年到 1982 年,西班牙政府采取了一系列措施应对危机,其中包括颁布《酒店业现代化计划》《旅游业管理措施法规》,这些制度规定了新的旅行社管理规范,给予外国建筑物的建造,给旅游宣传活动发放贷款,等等。1975 年,西班牙旅游收入达 35 亿美元。1981年,西班牙外国游客人数第一次达到 4000 万,并开始出现大型旅游业公司。

1982 年,经过政治经济危机后的西班牙旅游业呈现反弹性增长,开始进入一个"供不应求"的增长期,然而这样导致酒店超额预定、价格飞涨。20 世纪 80 年代后期,西班牙开始对旅游模式进行反思,并首次提出如何限制增长、提高质量、降低对旅游业负面影响等问题。1992 年,西班牙推出了"优先和激活计划",主要是"优化"海滨旅游等传统产品的质量,激活"乡村旅游""文化旅游"等新的旅游产品。2000 年,西班牙实行《全面质量管理计划》,全方位提升从目的地建设到旅游产品、从管理到环境等方面的产业素质。

三 西班牙旅游业制度建设的启示

西班牙在旅游业发展中,统一进行科学的规划,坚持以市场为导向,严格规范和管理,强调可持续发展,重视宣传和推介,都对我国旅游业制度创新具有重要借鉴意义。

(一)统一进行科学规划

西班牙政府着力对全国的旅游业发展进行科学的、统一的规划和管理,力求实现全国旅游业发展的步调一致、资源共享。比如,"阳光海滩"。西班牙政府高度重视海滨旅游的开发规划,把海滨旅游资源全部收归国家所有,由地方政府行使使用权。国家、省、市三级政府在土地利用、度假设施、分区原则、进出通道、环境保护等方面,都编制了海滨开发的控制性规划,明确规定各类开发必须统一规划,通过规划和基础设施建设来调控开发方向。这样就基本上实现全国旅游业朝着同样的方向,在统一的部署下发展。

(二) 坚持以市场为导向

西班牙旅游业坚持以市场作为发展的导向,尊重市场规律、服从市场调节,在市场的调节下合理地配置旅游资源。西班牙政府十分注重市场细分,强调产品开发的针对性和个性化,根据客源市场和规模确定不同的、有差别开发建设战略。西班牙各旅游地均有特定的目标群体,按老年、青年和家庭度假者,分别接待本国游客、欧洲游客和其他国家游客,这就彰显了西班牙旅游业对市场研究的深入和细致,也体现了市场对旅游业发展的重要影响。

(三) 严格规范和管理

西班牙旅游业的快速发展,在很大程度上得益于严格的旅游产品质量管理。比如,西班牙对旅游就业人员的素质非常重视,有完善的三级旅游培训体系,即基础培训、中级管理培训、高级管理培训,培训不但注重质量,还根据旅游发展需要不断拓展新领域。再如,根据《全面质量管理计划》,西班牙在海水质量、海岸保护、服务水平、安全系数、环境意识等方面都有具体的标准。这些都体现了西班牙对旅游业的严格规范和管理,促进了西班牙旅游业的快速发展。

(四) 强调可持续发展

1998 年,西班牙旅游部门联合环境部门出台《可持续旅游业纲要》,强调旅游业发展要在生态多样性、社会文化的持续性和经济的可持续性三方面做出努力。西班牙政府规定,景区景点的所有门票收入,都要用于景区的资源保护;规划部门要在旅游资源开发中进行定量环保研究,分析未来旅游活动可能对环境造成的影响和需要采取的对策。这就使得旅游资源得到可持续的保护和发展,使本国旅游业获得源源不断的动力。

（五）重视宣传与推介

西班牙政府高度重视旅游的促销和推介，设有专门的机构，将旅游宣传与推介作为旅游业发展的重要方式和手段。西班牙旅游促进会在全球设有 31 各驻外旅游办事处，每年对国家整体形象进行宣传，而且促销手段多种多样。西班牙通过网络、媒体、资料、展览会、邀请境外记者采访、在线等形式宣传促销，使得西班牙旅游资源和旅游线路广为人知。

我们要借鉴西班牙旅游业发展的经验，对旅游业的发展进行统一有序科学的规划设计，坚持旅游业的可持续发展和市场导向，在严格规范和管理旅游业的同时，政府和旅游企业应该重视对外的宣传与推介，善于运用多种多样的方式来促销本国的旅游业。

第二节　法国旅游制度建设经验

法国拥有许多令人心驰神往的观光资源，如蔚蓝清澈的地中海、大西洋沿岸风景、阿尔卑斯山区、卢瓦尔河古堡群等。尤其是"浪漫之都"巴黎，是世界上接待游客最多的城市之一，并且一直保持着全球第一大国际会议中心的地位。这些旅游资源，加上政府对旅游业发展的推动，使得旅游业成为法国的支柱性产业之一。

一　法国旅游业概况

2012 年法国人口为 6386 万，而法国每年平均接待外国游客超过国内总人数，达到 7000 多万人次（据世界旅游组织公布的统计数字显示）。2012 年，法国接待游客人数超过 8000 万，旅游业收入约 770 亿欧元，对国内生产总值的贡献率已经超过了 7%，提供 200 多万个就业岗位，已经是法国名副其实、不可替代的支柱产业。

二　法国旅游业的制度建设

法国能够长期在世界旅游业的发展中处于领先位置，除凭借其国内丰厚的自然和地理资源，以及丰富多彩的旅游景点以外，更得益于其在旅游业发展中不断完善和健全的政策制度，正是这些举措使法国的旅游设施、服务质量等都不断地提升。

（一）始终注重将本土文化融入旅游业

打文化牌是法国旅游业发展的重要方式之一，通过打造文化品牌做大做强本国旅游业。2009 年 11 月，法国文化部和主管旅游部门共同签署了《文化和旅游框架协议》，强调"文化旅游在法国居于特殊地位，对于外国游客，特别是新兴发展中国家的游客来说，吸引他们的首先是法国的文化，包括历史、古迹和生活方式等"。《协议》要求，优先考虑通过文化遗产的旅游开发来促进"法兰西名胜"的发展，并提供许多有文化内涵、有创意的旅游产品，共同打造"优质旅游"品牌，并争取大投资、电影摄制组来法拍摄等措施。①

（二）始终重视扶持旅游业发展

法国的第一家旅行社成立于 1873 年；1889 年，法国第一个地方性旅游同业联合会在格勒诺布尔市创建；1910 年，法国政府设立国家旅游局。接着，又颁布实施了《旅游宪章》等一系列旅游法规以及实施细则，从法律制度上有力保障了法国旅游业的健康持续发展；出台了《旅游资源保护法》，从资金、政策、人员等方面对旅游业给予大力支持。2013 年，法国政府在编制预算时，计划为文化、科研及传媒产业共投入 35.5 亿欧元，其中文化遗产保护 7.76 亿欧元，属于文化遗产保护之列的历史性建筑保护 3.22 亿欧元。② 由此可见，长期以来法国政府高度重视旅游业的发展，重视在政策、资金和制度上对旅游业发展予以扶持。

（三）始终重视旅游质量的相关规定

2003 年 9 月，法国政府负责旅游的部长级代表贝特朗提出法国旅游质量计划，敦促法国旅游业及相关服务行业经营者要以负责任的态

---

① 邢国宏：《分析法国旅游业具有国际竞争力的原因》，《佳木斯教育学院学报》2013年第 7 期。

② 胡志仙：《法国旅游业发展之理念探讨》，《旅游纵览》2013 年第 16 期。

度，着眼长远，注重旅游质量，打造法国旅游的鲜明特色。[①] "旅游质量品牌"是这一计划的主要部分，"旅游质量品牌"的参考标准由96项条款组成，共分9大类：信息和通讯、工作人员的态度、工作人员的能力、相关地点的环境状况和舒适程度、相关地点和设备的洁净和维护、设备装置、安全信息、食品、当地旅游资源的增值状况，等等。这些条款涉及旅游企业为了吸引、接待和满足顾客需要而提供各种服务，订购旅游服务产品和咨询相关内容，运送顾客前往相关地点，介绍相关地点，相关机构的外部状况，接待顾客、在向顾客提供服务和顾客离开期间进行关照，总体性服务，顾客的私人空间，卫生状况，餐饮场所（周围环境、布置和装备），餐饮服务，饮食产品（三餐），酒吧，娱乐和体育活动（如果存在的话），运输手段等。[②] "旅游质量品牌"的发放标准是否真正符合，由全国选拔委员会来负责，在各候选者中做出裁决，促进各方面改善经营管理和服务质量。

（四）始终重视旅游安保工作

针对游客的人身和财产安全，法国很多地方都对旅游安保工作非常重视，不仅组建有专门的安保机构，还出台了许多相关规则规范。比如，巴黎市警察局组建救援特警，专门就是应对每年成千上万的外国游客因银行卡、现金、支票或证件在巴黎闹市丢失的问题，这支专门援助游客的特警队，分别掌握英语、德语、西班牙语、阿拉伯语、意大利语、日语、汉语以及哑语，专门负责救援财产或证件被窃的游客。并且规定游客若遇到问题时，这些人员首先要答复受害者各种问题，引导他们前夫距离最近的警察局。在外国游客报案时，会外语的特警队员将帮助协助处理问题。为更有效地反扒窃，巴黎市警察局还在夏乐宫、香榭丽舍大街等游客集中、犯罪分子频繁出没的地方加强巡逻和宣传，确保安保工作真正发挥作用。

（五）始终重视旅游宣传推广

近年来，由于国际经济和政治竞争压力的加大，法国旅游业也面

---

① 邢国宏：《分析法国旅游业具有国际竞争力的原因》，《佳木斯教育学院学报》2013年第7期。

② 同上。

临着严峻的考验和挑战。为此,法国旅游部制定了一系列鼓励发展旅游业的政策措施。比如,在旅游办公室里,游客可以索要地图或介绍手册,询问当地景点名胜、食宿交通等情况,所有服务都是免费的。如今,法国国内的旅游办公室数量达到 3600 多家,数量居欧洲第一,其准确、周到的接待和信息服务也得到世界旅游组织和广大游客的高度认可。据不完全统计,法国每年免费发放的旅游信息手册数量已经达到 1.2 亿多册,其中 40% 有双语版本,三分之一为三种语言版本。通过在世界各地建立"法国文化中心"来宣传法国旅游。法国在世界多个国家建立"法国文化中心",在世界各地广泛地宣传和推广法国文化,从而促进法国旅游业的发展。同时,通过设立推广法国旅游的网站进行宣传,负责拓展旅游网站的工作人员不断改进原有信息应用手段,大幅度地提高商业活动的工作效率。法国政府还牵头在世界各国举办法国旅游业推介会,通过多媒体和各种图册资料向媒体和旅行社的代表展示多姿多彩的法兰西。针对不同国家市场的主要促销目标,协助旅行社做好旅游产品多样化,提供葡萄酒文化旅游、购物旅游等专题精品旅游,吸引商务游客,适时推出一些高端的旅游产品等。①

三　法国旅游业制度建设的启示

法国旅游业的快速发展经验和相关政策措施,有许多值得我们借鉴和参考的地方。把这些经验和做法有效融入我国旅游业发展之中,将会极大地提升我国旅游业的竞争力和吸引力。

（一）统筹规划旅游业发展

建设世界旅游强国必须充分发挥政府的宏观调控、法令法规实施的监控、旅游投融资的引导和旅游促销的组织协调作用,为旅游业的快速发展创造完善的服务体系和发展环境。这就必须强化政府主导作用,始终坚持政府主导与市场机制相结合,统筹规划、科学推进,充

---

① 邢国宏:《分析法国旅游业具有国际竞争力的原因》,《佳木斯教育学院学报》2013年第 7 期。

分发挥各级政府在统筹规划旅游业发展中的重要作用。

（二）制定旅游营销计划并有效落实

各级政府必须认识到政府性旅游营销的重要性，认真开展旅游营销工作。在旅游营销中，要避免只注重对知名景点、景区、旅游度假项目或经典线路的营销，而忽视对其他旅游产品的营销。制定旅游营销计划后，要将这些计划有效落实，不能束之高阁。

（三）重视联盟与网络的构建

要集中优势资源，根据市场需求，在旅游产品开发方面不断推陈出新。法国旅游行业中除了围绕各级地方旅游部门建立的网络外，还有很多依托于或者从属于国家级旅游部门建立的专项旅游联盟。通过联盟把各会员所提供的产品进行整合，根据市场需求不断推出富有新意的产品，并进行统一规划，从而吸引了众多的回头客，同时，也增加了游客在目的地的停留时间，增加了旅游业的收入。

（四）培养高素质的旅游人才

高质量的服务和设施是旅游业发展的优势所在，优质的旅游教育和培训则是旅游业可持续发展、成功发展的关键。任何旅游设施和文化，都离不开人，旅游人才是旅游业发展的重要支撑。为此，要全面推进我国旅游业转型升级、加快世界旅游强国建设，必须通过各种方式培养高素质、高能力的旅游人才。

我们要借鉴法国旅游业发展的经验，善于将本国传统文化融入旅游业发展中，高度重视旅游质量、旅游安保和旅游宣传工作，统筹规划本国、本地区旅游业发展，形成旅游联盟和旅游网络，培养高素质的专业化旅游人才，制定并实施科学有效的旅游发展规划。

第三节 意大利旅游制度建设经验

意大利旅游资源丰富多样，不仅有着优美的自然风光，而且有着丰富的历史文化遗产，是世界上旅游资源最丰富的国家之一。意大利作为欧洲民族和文化的摇篮，其旅游业发展已有 100 多年的历史。在这 100 多年中，意大利始终重视旅游制度建设，也形成了一系列有效的旅游制度。

一 意大利旅游业概况

据联合国教科文组织认定,意大利拥有49项世界遗产,是拥有世界遗产最多的国家。在意大利8000多个市镇中,文化艺术城市数量占到了20%—50%。每年意大利接待外国游客量约4000多万人次。

早在1965年意大利接待外国游客就达到了2389.4万,旅游外汇收入达12.88亿美元。2003年,意大利国际游客入境人数为3960万,创外汇收入312亿美元。2004年,国际游客入境人数为3710万,创外汇收入357亿美元。2004年意大利境内的旅游总消费达到868.06亿欧元,直接和间接地带来了682.64亿欧元的增加值,相当于国民总增加值的5.1%。①尽管受到世界金融危机的冲击和波及,意大利旅游业发展也遇到困难,2011年意大利的外国游客人数仍然达到了2450万人次,人均消费约743欧元,在服务业中成为仅次于服装业的第二大产业。

二 意大利旅游业的制度建设

意大利旅游业特色鲜明、保护得力,与其完善的保护理念和制度规划体系密不可分,如提倡对古老建筑的原样保护、建立多样化的融资渠道以及发挥旅游资源的规模效益等。

(一) 维持城市建筑文化的独立性特色

意大利众多的旅游城市都保留着自己的特色,现代化气息与古香古色很好地融合在一起,给游客更多的享受和乐趣,也使城市具有自己的旅游特色和资源特色。意大利城市建筑文化始终保持着自己的独立性,以其丰厚的文化和历史底蕴向旅游者不断地展现出自己的光

---

① 刘晓丽:《意大利旅游资源向旅游资本转变的途径》,硕士论文,对外经济贸易大学,2006年。

彩。[①] 为保持城市的历史文化特质，意大利对各个历史遗迹和城市建筑采取修旧如旧的保护性方针，从不盲目拆迁，更不盲目改变原有的风格。意大利十分注重历史遗迹尤其是大遗址的现状保护，原汁原味地保护历史遗迹，保证不抹煞历史遗迹和城市建筑文化的独立性特点。

（二）旅游业融资渠道多样化

意大利境内文化遗产大多属于国家所有，在意大利公共财政十分紧张的情况下，每年国家用于旅游资源开发与保护方面的资金数额都十分巨大。为解决国家公共财政资金不足的问题，意大利政府拓展思路，放开政策，鼓励多元资本进入旅游业发展，形成了政府、社会、企业、个人多元主体融资结合的独特模式，很好地解决了意大利旅游业发展、旅游资源开发与保护的资金短缺问题。比如意大利政府2000 年颁布了"资助文化产业优惠法"，规定企业投入文化资源产业的资金一律不计入企业应缴税款的收入基数，[②] 大大提高了企业参与旅游资源开发保护的积极性和主动性。

（三）发挥旅游区域规模效应

意大利旅游业的发展，既做到了每个城市都保留有自己的历史文化特质和旅游资源特色，不同构、不雷同，又避免了行政分割、争斗内耗、重复建设，逐渐形成了统一开放、竞争有序、协同协调、规模经营的区域一体格局。有吸引力的旅游点链接起来，构成各具特色的"旅游线路"，再形成大型旅游区，在合作共赢中整体上成为一个意大利旅游品牌。整个旅游区内的每个旅游点、每个城市都有其独特的魅力和特质，因其历史文化积淀而不可复制，但又环环相扣，节节相接，在整体协调发展、一起释放魅力中展示着自己独特的风采。

三　意大利旅游业制度建设的启示

从意大利旅游业的理念和做法来看，我国最应该借鉴的就是对古老

---

① 刘晓丽：《意大利旅游资源向旅游资本转变的途径》，硕士论文，对外经济贸易大学，2006 年。

② 同上。

文化和建筑的保护性开发，同时也要借鉴其在制度建设方面的独特做法。

（一）突出旅游城市的历史文化特质

我国各级政府要下定决心，不再不顾一切地追求 GDP，努力保护保存保持各个旅游城市的历史文化特色，在城镇化和现代化进程中保留住各个城市的文化特质，树立可持续经营开发理念，做到在开发中保护、在保护中开发、城市发展与遗产保护互相照应、旅游发展与环境建设良性促进。我国即将开始的新一轮城镇化，也是旅游业发展的良好机遇，我们一定要克服千城一面、千城同构的错误城镇化观念，让城市来传承历史文化，让历史文化来代表城市，使我们的各个城市保留文化特质，或者形成文化特质，用特色特质的城市旅游来带动旅游业和城市经济的发展。

（二）不断拓展旅游业融资渠道

旅游业开发和保护是一个投资性很大的产业，仅靠政府公共资金的投入是明显不够的，实际上也是不可能的，必须开辟多种多样的融资渠道。实现我国旅游业持续健康发展，就要广辟财路，积极吸纳社会资本和个人资本进入旅游业，并依法给予各种扶持和保护，尽快形成政府、社会、企业、个人等多元主体投资融资的新格局，激发旅游业发展的活力和创造力，实现旅游业的持续繁荣发展。

（三）积极加强配套设施建设

仅有优势旅游资源，只是旅游业发展的基础，配套设施建设也至关重要。目前，我国有许多优质的自然景观基础开发没有做好，如交通状况差，各景点连接不畅，相关服务跟不上等，都成为旅游业发展的主要障碍。要实现旅游强国的梦想，把旅游资源转变为旅游资本，除了要有一批品位高、特色鲜明、吸引力强的景区资源外，还必须加快完善旅游配套设施。要特别注重楼堂馆所设施建设，调整结构不合理的因素，重点提高服务档次和服务水准，逐步形成高中低档相互结合、相互配套的接待服务体系。[1]

---

[1]　刘晓丽：《意大利旅游资源向旅游资本转变的途径》，硕士论文，对外经济贸易大学，2006 年。

我们要借鉴意大利旅游业发展的经验，维持城市建筑文化的独立性特色，实现旅游业发展融资渠道的多样化，切实发挥旅游规模效应，打造具有较强竞争力的旅游企业，加强基础设施和旅游业配套设施建设，突出本地的旅游特色。

第四节　美国旅游制度建设经验

美国作为当今世界最富有的资本主义大国，其旅游业同样非常发达，各方面的基础设施比较先进，旅游业制度比较健全，近年来其国际旅游收入始终占据世界第一位。

一　美国旅游业概况

美国现有国家公园 388 个，占地 8400 万英亩，有近 3 万名工作人员，每年接待游客 2.8 亿人次；有 155 个国家森林公园和 20 个国家草原；有大型博物馆 16000 多个，是世界上博物馆最多的国家，每年博物馆接待游客就达 9 亿多；美国的主题公园是世界上建造最早、产值最高和最具代表性的公园，1955 年在加州洛杉矶建成第一个迪士尼乐园，开放仅 6 个月就吸引了大约 300 多万国内外游客，迪士尼乐园在美国聘有 17.5 万名员工，每年的经济效益达 90 多亿美元。

2005 年美国旅游收入达到 1.3 万亿美元，相当于每天产生 34 亿美元。其中国际旅游收入就达 930 亿美元，国际旅游人数达 4940 万人次，而每年美国人出国旅游消费也有 890 亿美元，旅游顺差 40 亿美元。同时美国直接旅游从业人员达 730 万人，占全美非农就业人数的 1/8。[①] 2010 年上半年，美国旅游业收入达到 650 亿美元，同比增长了 7%，为美国带来了 140 亿美元的贸易顺差。

2011 年访美的国际游客在旅游观光及相关产品和服务的支出更

---

① 云南网，http：//special. yunnan. cn/feature2/html/2009 - 11/08/content _ 971412. htm. 又见中国国际休闲旅游地产年会在津召开，互联网哲学院中经分院，中国经济网经济博客，http：//blog. ce. cn/in.

是创下历史新高，达 1530 亿美元，同比增长 14%。与此同时，2011年美国人在境外旅游支出超过 1102 亿美元，美国的旅游顺差达 428亿美元，同比增长 35%。2012 年，美国旅行和旅游业创下 1681 亿美元的新纪录，创造了 760 多万个就业岗位。

二　美国旅游业的制度建设

美国政府非常重视旅游业在国民经济发展中的重要作用，始终立足于建立起系统的、有效的规范旅游业发展的制度体系。

（一）重视宣传的规范化管理

近年来，美国政府针对旅游业宣传，制定了细致规范的制度，推出一系列旨在推动旅游业大发展的机构和规则。加强联邦政府部门与州和地方各级旅游资源管理机构的协调和联系，向有资质的公共部门提供赠款和技术服务，支持他们开展地方旅游促销宣传活动。[1] 号召美国所有民众特别是美国高层官员，包括总统都要在不同的场合，对外推介美国旅游，欢迎并邀请国外游客到访美国。完善电子旅游网络设施，实时更新网上旅游信息。开放更多的旅游目的地、景点、公园和博物馆，进一步开拓国际游客市场，加强旅游展销会、旅游考察团、旅游行程及旅游手册等方面协调。[2]

（二）进一步优化旅游环境

美国政府历来重视优化旅游环境，在优化旅游环境方面相比其他国家更有力度，也取得了显著的成效。在现有的 100 多家领空开放合作伙伴基础上，继续扩大领空开放合作伙伴，加强与私营部门合作，加大实施与重点市场国家政府签订合作协议力度，促进旅游的世界流动性，同时简化入境通关签证流程，提高旅游检查效率，延长签证有效期，并继续完善交通基础设施，为游客深度游提供更多的方便和选择机会。[3]

---

[1]　徐彦云：《美国旅游业未来十年发展目标》，《中国旅游报》2013 年 3 月 27 日。

[2]　同上。

[3]　同上。

（三）协调联邦政府各部门支持旅游业发展

美国政府要求各联邦政府要通盘考虑整体旅游发展，在联邦政府内部组成一个由各部门派员参加的正式领导机构，办公室设在美国商务部，协调解决日常事务，定期召开峰会或年度旅游大会，有效实施"美国旅游业发展战略"，并完善地理旅游信息、数据和地图，整合和共享全美国的旅游资源。

三　美国旅游业制度建设的启示

从美国政府及旅游管理体制可以看出，美国政府对旅游业的高度重视和推出的一系列政策，体现了美国旅游业服务贴近民众和游客的重要特点。因此，推动我国旅游业制度创新，可以从美国的相关制度建设中汲取营养。

（一）准确定位旅游行政职能

旅游行政职能有明确的定位和划分，旅游业发展才能明晰责任。我国各级政府及旅游管理部门必须从各地实际出发，对管理职能的范围、职责进行科学研究和定位，从旅游产业发展战略的高度，从管理体制、制度、旅游业发展规律的多重角度做全面考虑，并通过高水平的政府策划、营销和管理，[1] 为旅游业发展提供服务。

（二）推动旅游行政管理部门与旅游市场的积极互信互动

明确政府与市场的关系，使行政管理部门与旅游市场积极互信互动、共赢博弈是旅游业发展的重要内容之一，在一定程度上决定着旅游业发展的规模和速度。旅游行政管理部门在协调旅游市场发展，发挥政府旅游管理机构与市场的相互作用时，要减少行政干预，加强宏观调控、市场监管和公共服务职能，加强规范、引导、宣传、扶持，[2] 为旅游业打造高质量的发展环境。

（三）制定地方适用性旅游法规

应合理借鉴美国政府旅游管理机构的旅游立法经验，在国家层

---

[1] 纪文静：《美国政府旅游管理机构职能演变对我国的启示》，《中国商贸》2013年第6期。

[2] 同上。

面，及时出台规范旅游产业发展的系统化的法律法规；在地方层面，应进一步细化、阐释旅游法规在地方的适用性，实行旅游标准化工程，通过制定地方旅游行业标准，来规范旅游业发展，保护旅游者的合法权益，[①] 依法维护良好的旅游市场秩序。

（四）开展有针对性的营销

中美两国为共同应对金融危机，进一步加强了旅游行业的战略性合作，中美互为旅游目的地和旅游客源国的格局已经形成。2008 年，我国与美国 28 个州、市签署了《中美旅游战略性合作协议》。美国是一个联邦制的国家，在地方经济发展和对外经济合作上，州、郡和市政府享有较高的自主权。我们要加强与美国及其他各国旅游行业的协作合作。与政府相比，旅游行业协会对旅游业的管理与促销作用更为直接，加强与这些组织的协作，开展有针对性的宣传和推介，能够更快更好地拓展客源市场。

我们要借鉴美国旅游业发展的经验，重视旅游宣传的规范化管理，优化旅游环境，协调和督促各级地方政府发展旅游业，准确定位旅游行政职能，推动旅游行政管理部门和旅游市场的联合与协调，开展有针对性的宣传与营销，制定并实行有适用性的地方旅游法规。

第五节　德国旅游制度建设经验

德国在历史上被称为是诗人与思想家的国家，是一个旅游资源相当丰富和旅游业较为发达的国家，也是旅游业制度建设较为健全和完善的国家，有很多好的经验与做法值得我国学习。

一　德国旅游业概况

在德国，旅游业每年吸引了大量国内外游客。目前德国有各种酒店 6 万家，每年接待 4000 万外国游客，旅游业从业总人数约 240 万

---

① 参见纪文静《美国政府旅游管理机构职能演变对我国的启示》，《中国商贸》2013 年第 6 期。

人左右，占德国总人口的 3%，旅游业年营业额在 1200 亿欧元以上。[①] 2010 年，德国旅游业总收入达 1000 亿欧元，占国民经济总产值的 4.4%，而世界闻名的汽车工业创造的产值只占 2.3%，建筑业产值为 4.3%。到 2011 年，旅客人次达 6370 万，同比上涨 6%，产值占 GDP 比重约 8%。旅游业吸纳的就业人口达 290 万，如果将直接和间接带动的就业计算在内，其就业人数占到了全国就业人口的 12%，[②] 就业总人数也已超过了传统的汽车行业，而 2012 年德国境内过夜旅客人次达到破纪录的 4.07 亿。这些数字充分表明，德国不仅是一个工业国家，更是一个重要的旅游目的地国家。[③]

二 德国旅游业的制度建设

德国旅游业制度方面，最为突出的是对相关法律的创新做法和对各种遗址的保护工作。这些举措可以说非常细致、非常有力，取得的效果也是非常明显的，直接推动了德国旅游业发展。

（一）旅游法规融入具体法律框架

德国国内没有专门的旅游法规，导游上岗也不需要持有导游证。德国创新性地将旅游方面的法律法规融入包括民法、税法、环境法和交通法等在内的具体法律框架内。德国各联邦州是负责当地旅游的主管部门，联邦经济和技术部则为发展旅游业提供政策指导，比如，如何优化旅游服务、加强人员培训、扩大对旅游业重要性的认知，[④]等等。

（二）旅游个性化特点鲜明

德国的旅游业强调多样化、大众化、个性化，有代表性的如体现旅游不同特色的"音乐之旅""歌德之路""童话之路"等线路游；也有结合各地民俗节庆文化的各具特色的旅游，如"啤酒节""丰收

---

① 蔡玳燕：《德国旅游业的成功经验和特征》，《生态经济》2009 年第 2 期。
② 管克江：《德国旅游法规融入具体法律框架》，《人民日报》2013 年 2 月 7 日。
③ 同上。
④ 同上。

节""洋葱节""玫瑰节""南瓜节""土豆节""狂欢节",等等。①
在德国,各地的城市和边远的乡村,文化事业发展都比较均衡。德国
各地的人文历史各不相同,地域性差异特别大,旅游者会感觉在德国
各地旅游就好似穿越了多个国家。②

（三）注重对旅游资源的保护

德国十分珍惜人文历史资源,凡是各地区曾经有过的辉煌和有特
色的东西,都通过兴办博物馆的形式保留下来。德国各地的古建筑,
绝大部分都被保留下来或者修复重建,尤其是与博物馆同被称为"德
国旅游三绝"的教堂和古堡。③德国还非常注重对非物质文化遗产的
传承和保护,民俗节日、宗教节日等民俗节庆文化特色鲜明、丰富多
彩,成为有特色的、有吸引力的文化活动和旅游资源。

（四）行业协会组织的作用明显

德国拥有一大批行业监督管理机构或中介组织,每个行业都有自
己的行业协会组织。这些行业协会机构尤其是服务业和旅游业注册的
协会对本行业的发展、法律法规制定、促进内外交流、信息沟通和职
业培训等发挥着重要作用。从一定意义上讲,这些行业协会的某些职
能是地方政府经济管理职能的部分延伸或补充,其行业监管原则和职
能与联邦、州两级政府机构有直接关联。德国国家旅游协会在全国各
地有 11 个分支机构,拥有 66 家从事旅游业的会员单位,这些会员单
位多为德国航空、铁路、重要媒体、电信运营商、大型旅游企业和服
务企业等。总会主要从事全球和德国旅游业发展趋势和国内市场研
究,根据行情变化,为会员提供咨询,如旅游产品设计、确定主题,
等等。

三　德国旅游业制度建设的启示

德国旅游业的发展较为规范和成熟,其诸多制度建设的经验、做

---

① 蔡玳燕：《德国旅游业的成功经验和特征》,《生态经济》2009 年第 2 期。
② 同上。
③ 同上。

法值得我国吸收和借鉴。

（一）完善政府的职能定位

在旅游业发展中，政府要有明确的职能定位，明确自己在其中扮演的角色和位置。各级地方政府要制定并不断完善支持保护旅游业发展的各类政策、编制科学合理的各类旅游发展规划，在制定专门旅游法律法规的同时，可以将一些旅游法规内容融入其他的具体法律框架。

（二）提高居民保护意识

旅游目的地的住民是否具有对旅游资源的保护意识和生态文明理念，是旅游资源能否得到保护、旅游业能否得到可持续发展的重要前提。要通过宣传和教育，增强公众对保护自然和文化环境的意识。比如，在德国旅游业发展中，乡村旅游风生水起、一枝独秀，其重要做法之一就是加强对村民的宣传教育，提高村民的保护意识。他们先对当地的自然资源优势和历史文化资源进行调查登记，然后加强对村民的教育，正确认识保护与发展的关系，正确认识发展旅游与经济的关系，全面提高农村人口的基本文化素质，逐步改变村民传统落后的社会价值观。[①]

（三）加强建筑个性化引导

要加强旅游目的地建筑的规划和管理，打造具有本地特色的建筑风格。在尊重历史文化传统、保护好历史文化遗产遗迹和城市特色建筑的前提下，在统一规划、科学发展、以人为中心的基础上，推进城市改造和城市现代化。而在对农村住宅进行改造重建时，除了需要统一规划以外，各地政府和有关部门，可以提供一些统一设计并经评选后推出的"优秀乡村住宅"供选用。这样做不仅可以让乡村的个人住宅建造，逐步符合标准化建设，也有利于按各人自己的喜好选择色

---

① 蔡玟燕：《德国乡村休闲旅游一枝独秀》，《宁波经济》（财经视点）2008 年第 2 期。

彩各异的外立面。①

我们要借鉴德国旅游业发展的经验，将旅游法规融入具体法律框架，打造个性化鲜明的旅游特色，注重旅游资源和旅游环境的保护，充分发挥旅游社会组织在旅游业发展中的重要作用，明确政府在旅游业发展中的职能定位，充分发挥各旅游主体的主动性和积极性。

第六节　世界旅游强国旅游业制度建设的启示

西班牙、法国、意大利、美国、德国等西方发达国家之所以成为世界旅游强国，主要原因就是历来高度重视旅游业制度建设对于旅游业发展的重要作用，积极推进旅游业制度创新，形成了一整套完善的旅游制度体系和框架，从而推进和保证了其旅游业长期持续健康的发展。他们的很多经验、做法值得我国旅游业吸收和借鉴。

一　加强旅游业法律法规建设

我国要切实完善旅游业法律法规，强化旅游业法律权威，不仅用严密有效的法律法规吸引游客，还要确保旅游活动和旅游产业发展有法可依。我国应该合理借鉴美国政府的旅游立法经验，在国家层面，及时出台规范旅游产业发展的系统化法律法规；在地方层面，制定地方适用性旅游法规，实行旅游标准化工程，来规范旅游业发展，保护旅游者的合法权益，② 依法维护良好的旅游市场秩序。还可以以德国经验为补充，把那些没有纳入专门旅游法律法规或没有通过制定专门法律法规来规范的内容，融入其他法律法规框架，使我国旅游业的法律法规体系更加科学完善，保障旅游业健康有序发展。

---

① 蔡玭燕：《德国乡村休闲旅游一枝独秀》，《宁波经济》（财经视点）2008 年第 2 期。

② 参见纪文静《美国政府旅游管理机构职能演变对我国的启示》，《中国商贸》2013 年第 6 期。

二　对旅游业进行科学统一的规划管理

我国要从国家战略性、支柱性产业的高度，着力对全国的旅游业发展进行科学的、统一的规划和管理，力求实现全国旅游业发展的步调一致、资源共享、合作共赢。同时，要牢固树立旅游规划就是法律法规的意识，强化旅游规划的执行和落实。这就要求，必须强化政府的主导作用，始终坚持政府主导与市场机制相结合，充分发挥各级政府在统筹规划旅游业发展中的重要作用，这样才能更好地推进世界旅游强国目标的实现。

三　加快推行低碳节能环保旅游

低碳、节能、环保已经成为人们重要的生产和生活理念。[1] 我国旅游业的发展，必须正确认识和处理好自然旅游资源、人文旅游资源等开发与保护的相互关系，使资源得以永续利用。要把党的十八大和十八届三中、四中全会关于生态文明建设和制度改革的要求和制度安排，坚决贯彻于旅游业发展的实践中，积极发展和有序推进低碳节能环保旅游，使旅游业和资源开发、环境保护、生态建设形成良性循环和互动。

四　建立完善的管理体制

按照十八届三中全会"使市场在资源配置中起决定性作用和更好发挥政府作用"[2] 的要求，充分发挥各级政府及其旅游管理部门的职能作用，加强旅游部门与各相关部门之间的支持配合。同时充分利用市场机制的作用，简政放权，减少不必要的行政干预，激发行业协会、企业、个人等的社会活力和创造力，尽快构建起完善的旅游业管理体制。

---

① 王群：《境外旅游业碳排放研究综述》，《旅游学刊》2012 年第 1 期。

② 《中共中央关于全面深化改革若干重大问题的决定》，人民出版社 2013 年版。

五　提高旅游企业的服务水平

作为现代旅游企业，必须要以科学发展、统筹规划为指导方针，大力提高旅游从业者素质，大幅度提高旅游企业的服务能力和水平，在合理关注经济效益的同时，更加关注旅游业的可持续发展。我国各级政府及旅游管理部门，则必须通过相关制度和行为准则，正确引导和监管企业，促使旅游业实现科学发展。①

---

① 石美玉：《日本"观光立国战略"的效果评价及启示》，《东北亚论坛》2009 年第 11 期。

第六章 建设世界旅游强国制度创新的结构与过程分析

本章重点研究中国在建设世界旅游强国过程中旅游制度创新的各种动力因素与影响因素,以及旅游制度创新的主体、路径和难点等,力求阐明当前中国旅游业制度创新的结构与过程、动力和实践路径。

第一节 旅游制度创新的动力因素

新制度经济学认为,根据制度变迁的主体不同,制度变迁的模式可以分为强制性制度变迁和诱致性制度变迁两种。① 两种制度变迁模式在变革主体、变革机制和变革结果等方面有着根本不同。据此,笔者认为,旅游制度创新的动力因素也可以从强制性动力因素和诱致性动力因素两个维度上来进行考察和分析。

一 内在动力:强制性动力因素

强制性动力因素是指政府作为创新主体,自上而下地,通过制度、政策和法令的制定和实施而形成的动力机制。也可以说,政府行为是旅游制度创新的强制性动力因素,属于内在动力因素。再由计划经济向市场经济改革的过程中,我国的旅游制度也随之发生根本性的变化,而政府无疑是推动这一变化的最强大力量。在计划经济时代,旅游业的独立性和开发潜力并未得到应有的重视,而是附属于国土、水利等部门,主要作为领导疗养、外宾接待等用途。改革开放后,发

① 卢现祥:《西方新制度经济学》,中国发展出版社2003年版。

展旅游业提到了国家发展战略的高度上，旅游业发展迎来了春天。主要表现为以下三个方面：一是组建专门的旅游管理部门。从中央到地方，各级政府都专门成立了负责旅游业规划、管理的机构，从而加强了旅游业主管机构的独立性，提高了旅游产业在经济发展中的地位，为旅游业的发展保驾护航。二是大批旅行社、旅游企业获批成立。旅游企业是旅游业发展的载体，是发展旅游产业的重要力量。长期以来，我国的风景名胜资源属于国家所有，实行国家事业型管理体制，禁止企业资本进入。改革开放后，我国不断完善旅游企业审批制度，放开旅游产业发展市场，旅行社、旅行企业纷纷成立，推动了旅游业的蓬勃发展。三是出台旅游业专门法规。改革开放以来，我国先后出台了《导游人员管理条例》《中国公民出国旅游管理办法》《旅行社条例》《中华人民共和国旅游法》等旅游业法律法规，为旅游业的健康发展提供了法律保障。

政府作为推动旅游制度创新的强制性动力因素，其作用机制有以下三个特点：一是强制性。政府依靠国家机器的力量，通过制度变革、法律颁布等实行制度变迁，其行为具有强制力。二是快速性。由于政府具有强制力，通过自上而下地进行制度变迁的时间短、速度快。三是成本低。正是因为强制性制度变迁具有前两种特点，因此，强制性制度变迁的变迁成本很低。但是，政府依靠国家强制力自上而下地推动的制度变迁也有其弊端，存在受制于执政者的有限理性、意识形态刚性、官僚政治、利益集团冲突和社会科学局限等问题。

二　外在动力：诱致性动力因素

相较于强制性动力因素，诱致性动力因素则属于外在动力因素，是指个人或者团体作为创新主体，受共同认可和公共利益的原则驱使，自下而上地，由试点到推广，自发地进行或要求制度变革的动力机制。在旅游制度变迁的过程中，诱致性动力主要来自于旅行社等旅游企业、行业协会等社会团体、旅行者等个人三类主体的行为。其中，旅游企业主要是在逐利动机的驱动下，要求和推动旅游制度进行变革，以实现旅游企业的效益最大化。主要表现为以下三方面：一是要求准入制度的变革。计划经济时代，旅游业实行国有经营，民间资本在旅游业中比重很少，由于入门门槛、准入政策等限制，个体企业更是难以进入旅游行业。随着改革开放的深入，民间资本要求参与旅游行业的呼声越来越高，积极要求在旅游行业市场准入制度等方面进行变革。由此，政府开始允许民间资本进入旅游行业，同时在制度环境、配套设施和交通运输等方面予以支持和配合，使民间资本在旅游业中所占的比重逐步增加。二是要求旅游企业产权制度的变革。计划经济向市场经济的变革，主要体现之一就是市场主体身份的变革。以往的国有制、集体所有制旅游企业面临着向公司制的转变，以此释放旅游企业的活力，提高旅游企业的经营效益，有效实施旅游资源开发和保护，推动旅游市场的良性发展。三是要求管理体制的变革。改革开放以前，旅游行业大多实行国家所有、事业单位管理的体制，实行社会主义市场经济后，这一管理体制逐渐显示出其不适应、不符合旅游业的发展实际，旅游企业急迫要求改变传统的旅游管理体制，给旅游企业更大自主权，向其他市场主体一样按照市场规律去经营和管理。

行业协会和旅游者也是诱致性制度变迁的主要因素。行业协会一般是由旅游企业、政府和民间组织等自发组织创立的，用以协调旅游产业发展，完善旅游产业格局的社会组织。在其运作过程中，通过协调企业行为、组织学习培训、积极建言献策等方式，不断地推动着旅游制度的完善和变革。在旅游制度变迁的过程中，旅行者也同样扮演着重要的角色，起着十分关键的作用。旅行者是旅游行业的亲身参加者，也是旅游行业健康有序发展的最终受益者。通过对自身受益和权利的诉求，旅行者积极地推动着旅游行业的制度变革。相对于强制性动力因素，诱致性动力因素一般不具有强制性，大多是通过利益诉求，要求和实现制度的变革。但是，诱致性制度变革具有强制性制度变革不能比拟的优越性，可以有效地避免强制性制度变革所具有的盲目性和时滞性。

三　其他动力性因素

在旅游制度变革的动力因素中，除了强制性动力因素和诱致性动力因素以外，还存在其他一些动力因素。① 改革开放后，经济、社会、政治、文化等方方面面的改革和创新，为旅游行业制度创新提供了强大的驱动力、牵引力，这种改革环境是旅游制度创新的基础。

旅游制度创新的动力机制是多维的、系统的，既有政府主导的制度变革因素，也有旅游企业、行业协会、旅游者等微观经济主体的积极创新因素，同时，也离不开各项经济改革所带来的衍射、带动作用。三大动力因素有机统一、互相促进、相互融合，推动旅游行业的跨越式发展，也不断地推动着我国旅游业制度创新继续向纵深发展。

第二节　旅游制度创新的影响因素

旅游制度创新是复杂的系统工程，其影响因素也是多方面、多层次的。政策环境、法制环境、经济环境和市场环境都是旅游制度创新的重要影响因素，只有加强这些环境的优化，才能有效地推动旅游制度的创新。

一　政策环境

拥有什么样的政策环境在一定程度上决定着旅游制度创新的规模和层次，决定着旅游制度创新的方向。政策环境好则旅游制度创新就会取得好的成就，否则就难以有所建树。目前，我国旅游制度创新在很大程度上还是以政府主导型模式为主，政府在旅游制度创新中扮演着决定性的、指导性的角色。因此，政府制定和实施的旅游产业政策环境，成为影响旅游制度创新的重要因素。这些政策环境包括旅游业管理体制、交通基础设施平台、旅游市场监管等多个方面。② 基于国内政府主导型的旅游业发展模式，由公共部门搭建的、以政策规制和基础设施建设为基础的政策环境，不仅可以为旅游企业提供良好的外部环境，还推动了若干制度创新活动的开展。但政府行为既可以对创

---

① 冉斌：《我国旅游发展趋势及制度创新思考》，《经济纵横》2004 年第 2 期。
② 匡林：《旅游业政府主导型发展战略研究》，中国旅游出版社 2001 年版。

新行为及其效果产生正向影响，也可以抑制制度创新。因此，各级政府都应不断研究政府行为的合理性，致力于完善旅游产业政策，通过加强旅游制度创新的外部基础设施、制定合理的行业规章制度、协调旅游企业间关联模式、实施有效的监管和创新保护措施等，为旅游制度创新提供良好的外部环境、沟通平台和政策环境。创新产业项目激励制度，在政策上鼓励旅游产业项目的发展。针对文化旅游产业发展，扶持重大项目建设，重视重点企业与项目招商，从旅游用地、财税办法、奖励额度、优先等级等方面提出激励机制。推行文化旅游项目用地优惠政策，针对重大环境优先供给，倾向重点企业开发，为招商项目留出备用项目用地。推行新的财税配套优惠办法，针对重点企业与招商引资企业提出优惠与减免分级额度。推行企业奖励办法，针对为文化旅游产业发展作出重大贡献或起到重要推动作用的企业、原创自主知识产权的项目实施重奖。推行企业信用分级制度，以银行信用标准、重大项目参与、项目考核标准等将旅游企业分级，针对企业业务发展环境、项目申报审批等设置优先度。这些政策都会为扶持旅游企业快速发展，创造良好的政策环境。

二　法治环境

社会主义市场经济是法治经济，以法律为依托和基础。完善的法律体系和规章制度，加上严格执行法律法规的氛围是市场经济健康有序运行的保障，也是旅游制度创新的必要条件。改革开放以来，我国法治环境逐步优化，在各方面包括旅游法律建设方面都取得了令人瞩目的成就。2013年4月，《中华人民共和国旅游法》由第十二届全国人民代表大会常务委员会第2次会议审议通过，并自2013年10月1日起施行，这是我国旅游产业法治化建设的重大成就。《旅游法》对旅游相关内容都作了明确规定，全面、科学、指导性强，[1]体现了综合法、人本法、衔接法三大特色。当然，《旅游法》不可能面面俱到，要真正地发挥法律的力量，关键是后续的细则和相关条例要跟

---

① 程小旭：《〈旅游法〉出台具有里程碑意义》，《中国经济时报》2013年4月26日。

上。建议应该从以下三个方面贯彻落实旅游法：一是如何落实好细则。例如旅游景区容量超载问题，景区门票上涨问题，如何听证、如何制定政府指导价等等，都还需要进一步细化。二是加强宣传贯彻、解读培训。需要尽快出台《旅游法》相关释义，做好旅游从业人员的培训和宣传。三是加大执行力度、监管力度，避免有法不依、违法不究、执法不严等情况。① 党的十八届三中全会指出，"改革生态环境保护管理体制。建立和完善严格监管所有污染物排放的环境保护管理制度，独立进行环境监管和行政执法。建立陆海统筹的生态系统保护修复和污染防治区域联动机制。健全国有林区经营管理体制，完善集体林权制度改革。及时公布环境信息，健全举报制度，加强社会监督。完善污染物排放许可制，实行企事业单位污染物排放总量控制制度。对造成生态环境损害的责任者严格实行赔偿制度，依法追究刑事责任。"② 尽管我国已经出台了《旅游法》，但事实上我国在旅游业发展上的法制建设与旅游业发达的国家相比还存在一定的差距，有不健全、不完善的方面，还有执法不严的问题，都需要我们着力加以解决。

三　经济环境

旅游制度创新是一个多向度、多维度的系统进程，不断地与外界环境发生着能量的传递，这其中很重要的一个方面就是旅游制度创新所处的经济环境。一定意义上讲，旅游制度创新的力度、速度和程度都要在所处经济环境的可承受范围内，不能超出经济环境所能容纳的水平。这主要是因为，经济环境本身就是旅游制度创新的动力之一。为满足旅游者多样化、多层次的需要，旅游业必然关系到若干行业，其发展需要各产业、各行业的配合，这些行业既可以是工业、农业、商业、建筑业、交通业等物质资料生产部门，也可以是文化、科技、

---

① 曹国新：《我国旅游业发展的若干政策性问题》，《中外企业》2008 年第 7 期；程小旭：《〈旅游法〉出台具有里程碑意义》，《中国经济时报》2013 年 4 月 26 日。
② 《中共中央关于全面深化改革若干重大问题的决定》，人民出版社 2013 年版。

教育、卫生、金融等非物质资料生产部门，都涉及经济环境优劣的问题。经济环境的变革、创新，必然带动旅游制度的变革和创新。相反，若是经济环境低迷，创新动力不足、缺乏变革，那么旅游制度创新则根本不可能进行。此外，旅游制度创新本身就是经济大环境变革的一部分。经济大环境的变革是社会经济各个方面系统推进、同步变革的过程，这其中就包括旅游制度的变革和创新。可见，一个富于变革和创新的经济环境，是旅游制度创新的主要环境变量。

四　市场环境

旅游制度创新离不开旅游市场环境的影响，简言之，制度创新的动力就是市场要求。没有一个健全、健康、积极发展中的旅游市场环境，空谈旅游制度的创新是无意义的。当然，旅游制度的创新同时也会增强旅游市场的活力，促进旅游市场的发展，两者的关系是相互影响、互相促进的。从影响旅游制度创新的因素上考虑，我们分析旅游市场对旅游制度创新的制约和促进作用。这种影响主要表现为两种形式。一方面，当旅游市场景气、效益较高的时期，旅游制度就成为旅游市场时刻想予以突破的藩篱和屏障，市场需要更为宽松、灵活、健全的旅游制度。此时，旅游制度创新就充满活力，变革积极性和主动性较高，创新进程也就比较快。另一方面，当旅游市场低迷，旅游产业效益亏损的情况下，各主体都缺乏旅游制度创新的热情。而且旅游制度创新的成本提高，也使得各制度创新主体难以进行深刻的制度变革。伴随着经济全球化发展，世界旅游市场竞争日趋激烈，要求旅游资源的投资必须依据旅游者的需求，开发适销对路的旅游产品，这就是市场机制和市场原则。我们也该看到，尊重市场规律实质上是为旅游制度创新开辟道路，为旅游制度创新进行思想准备，为更深入地旅游制度创新提供可能性。

第三节　旅游制度创新的主体

明确旅游制度创新的主体是推动旅游制度创新的前提和基础，我国旅游制度创新的主体是政府部门、旅游企业、行业协会和消费群体。只有协调好旅游制度创新各主体的关系，充分发挥各主体的作用，旅游制度创新才能够顺利实现。

一　政府部门

政府部门是一切制度创新的必备主体，甚至在某些领域或某个阶段是最重要的创新主体，旅游制度创新也概莫能外。明确旅游业的发展思路、指导思想、工作目标和工作重点，制定鼓励旅游业发展的优惠政策，为旅游业创造广阔的发展空间和优良的发展环境，都需要政府的主导和支持。政府作为社会中规模最大的非市场组织，自身拥有的强制力和再分配能力，使其在提供制度的服务方面，能够实现规模效益。[①] 为此，只有充分发挥政府的主导作用，抓认识、抓规划、抓基础设施建设，制定优先发展旅游业的相关政策，才能为旅游业可持续发展提供良好的环境。政府成为旅游制度创新的主体，是因其地位性质和其创新手段所共同决定的。[②] 从地位性质方面看，政府是旅游发展的实际领导者和组织者，是旅游发展环境的有力创造者和支持者。正是基于政府的地位和性质，政府理所应当地成为旅游制度创新的主体。绝大多数旅游活动依托的资源都是公共资源，特别是主流的观光旅游、休闲旅游、文化遗产旅游等更是如此，即使是度假旅游，其依托的良好环境也是公共资源。由于公共资源具有和企业资源不同的性质，有着更强的公益性、外部性，往往需要政府进行管理。典型的如国外的国家公园，以及我国的风景名胜区、国家森林公园、国家地质公园等，都是由政府进行管理的，一些博物馆、公共建筑等也是由政府进行管理的。此外，旅游业具有很强的社会事业性质，这就决定了大多数国家不仅非常重视旅游业的发展，而且在旅游业的发展中

---

① 潘石：《加快制度创新，促进高新科技产业发展》，《特区经济》2009 年第 5 期。

② 杨瑞龙：《我国制度变迁方式转换的三阶段论——兼论地方政府的制度创新行为》，《经济研究》1998 年第 1 期。

实施了政府主导战略。① 从其创新手段方面看，政府具有强大的政治强制力，有组织一切资源的领导力，因此在创新手段上，也是其他任何创新主体都无法比拟的。党的十八届三中全会指出，"必须积极稳妥从广度和深度上推进市场化改革，大幅度减少政府对资源的直接配置，推动资源配置依据市场规则、市场价格、市场竞争实现效益最大化和效率最优化。政府的职责和作用主要是保持宏观经济稳定，加强和优化公共服务，保障公平竞争，加强市场监管，维护市场秩序，推动可持续发展，促进共同富裕，弥补市场失灵。"② 政府可以通过制定经济发展规划，宏观调控旅游经济，也可以通过行政强制力，微观干预旅游市场。同时，还可以通过制定旅游法律、法规对旅游经济进行法律框架的构建，等等。据此，我们可以认定，现在以至将来，政府都将是旅游制度创新的最重要主体。

二　旅游企业

旅行社是旅游企业的主体之一，也是旅游制度创新的重要主体。旅行社是随着旅游业的发展而出现并发展起来的，在旅游业发展的起步阶段，并不存在旅行社的企业形式。随着旅游业的发展，要求业内进行细化的分工，旅行社由此应运而生。旅行社的优势在于，能够增加旅游供给，降低旅行者的费用，使旅游活动更加有序。旅行社作为重要的旅游主体产生以后，面临诸多的内部和外部制度安排的选择问题。所有这些都在为同一目的而努力，即减少交易风险，保证旅游业持续健康发展。新制度经济学从交易费用角度解释：供需双方的相互选择取决于他们之间的交易费用最低或趋向于最低，否则会寻找其他交易主体或交易方式。这一解释说明了交易的原因所在，而对传统经济学中"交易是价格运动所决定"的解释构成挑战。③ 这能够解释旅

---

① 吴必虎：《构建中国特色的旅游学科体系》，《旅游学刊》2007 年第 1 期。

② 《中共中央关于全面深化改革若干重大问题的决定》，人民出版社 2013 年版。

③ 陈昕：《财产权利与制度变迁——产权学派与新制度学派译文集》，上海三联书店2000 年版。

行社和旅游者之间的供需关系,[①] 也有力地说明旅行社在旅游制度创新中的重要作用。如黑龙江省坚持政府引导与市场并重,充分发挥旅游企业的重要作用,由黑龙江省委、省政府宏观调控,在观念、政策、机制、规划、资金、社会领域中对文化旅游产业发展提供引导、支持和保障,充分发挥市场机制的作用,合理整合、配置各项资源,促进国有、民营文化企业的集群化发展,形成推动文化旅游产业的机制合力,提升黑龙江省文化旅游产业的竞争力。

三　行业协会

与国外自发建立的行业协会有所不同,我国的各级旅游行业协会是在政府的主导下成立的,分别受同级旅游局领导,企业自愿加入,具有浓厚的官方色彩,实际上成为政府的附属机构,主要履行行业调研与政策宣传、政府与企业间的联系与协调等职能,这样以政府为主导的旅游协会对企业的吸引力有限。目前,全国旅游企业有20多万家,还有相当数量的事业单位和社团,而旅游协会及其分会、专业委员会以及各省旅游协会的会员数总共只有1.2万,[②] 不足旅游企业的十分之一。也应看到,行业协会的变革和创新其本身就是旅游制度创新的重要方面,同时行业协会的变革和创新,也必将带动旅游制度其他方面的创新。作为主体的旅游行业协会,其变革首先应与行政机构脱钩,完全独立运行、自收自支,通过法律法规要求旅游企业必须成为相关协会的会员。同时,政府应把那些主要靠市场调节、社会能够管好的职能,逐渐委托或授权给协会,诸如导游资格证考试和培训、旅游质量保证金管理、旅游标准化工作,[③] 等等,提高这些旅游协会在行业内的影响力。

---

① 袁亚忠、贾艳青:《我国旅游业制度创新的动力分析》,《生产力研究》2007年第10期。

② 蒋莎:《旅游管理体制的国际比较及启示》,《鄂州大学学报》2007年第3期。

③ 同上。

四 消费群体

旅游是人的活动，是人类社会实践的一部分。作为旅游者的人，是旅游活动的主体。因此，旅游是旅游者的旅游，旅游业的消费主体是旅行者，是推动旅游制度创新的重要力量。旅游者在旅行过程中面临旅游目的地的选择、交通方式的选择、获取信息途径的选择等问题。实际上，如果只考察旅游活动的经济性方面，以上所有这些选择或问题的解决过程就是寻求成本最低的过程。每个旅游者作出的选择并非最优，[①] 但旅游者却总在为消费活动的费用最低做出努力，总是以最低的费用到达最好的旅游感受和体验。而旅游者对于自身权益的维护和主张，以及对旅游活动效益的追求和成本控制，这些无疑都会推动整个旅游业的变革，促进旅游制度的创新。

第四节 旅游制度创新的路径

党的十八大指出，"要适应国内外经济形势新变化，加快形成新的经济发展方式，把推动发展的立足点转到提高质量和效益上来，着力激发各类市场主体发展新活力，着力增强创新驱动发展新动力。"[②] 旅游制度创新的路径是多元化的，包括管理制度创新、产权制度创新、融资制度创新和经营机制创新等。

一 管理制度创新

完善旅游行业管理制度的同时，促进旅游行业管理依存性制度安排的创新。[③] 按照国际惯例，在旅游行业管理制度的设置上，要突破

---

① 袁亚忠、贾艳青：《我国旅游业制度创新的动力分析》，《生产力研究》2007 年第 10 期。

② 胡锦涛：《坚定不移沿着中国特色社会主义道路前进为全面建成小康社会而奋斗》，人民出版社 2012 年版，第 11 页。

③ 王君正：《基于服务创新四维度模型的我国旅游企业创新模式分析》，《商业研究》2007 年第 8 期。

原先只注重政府的单一层次管理模式，建立以政府为主导，以行业协会为辅助，以社会公众和消费者参与监督为主体的多层次、多侧面的旅游管理网络体系。当前，非理性的经济行为较多，非理性经济行为，即不考虑国家的统一部署和国民经济整体的健康发展，只从当地经济发展需要来组织经济活动的行为。其结果，损害了国民经济整体的健康发展。① 非理性经济行为是一种常态行为，严重地阻碍了我国旅游管理制度创新与发展。旅游行政管理部门要着重研究和制定旅游政策、旅游法规和旅游规划等；行业协会主要制定行业标准、协调企业行为等；构建起沟通消费者与管理部门的畅通渠道，形成规范的旅游业管理制度，以及在此制度下独立的自我约束、自我监督机制。

二 产权制度创新

运用市场手段开发风景名胜等旅游资源的关键在于，按照市场经济运行的客观规则，设立与风景名胜区行政管理机关相分离的国家风景名胜资源所有权的代表，明确风景名胜资源的所有权主体。应该根据行政区划，由国家通过法律授权多元的主体代表国家，行使风景名胜资源所有权。国家级的景区由国务院行使其所有权，设置专门的机构进行管理；省市级的景区由相应的地方政府行使其所有权，设置专门的机构进行对口管理。作为国家风景名胜资源所有权代表，是具有独立的民事主体地位、对资源享有排他性所有权的机构，只有这样才能确保国家对资源的最终控制权。作为风景名胜资源所有权人的国有机构在行使所有权的同时必须承担相应的责任，接受国家的宏观调控，履行有关资源保护、管理和经营等方面的一系列的法定义务，在确保风景名胜资源可持续利用和社会公益性的前提下，实现资源效益的最大化。②

① 年志远：《地方政府非理性经济行为及矫正》，《江汉论坛》2006 年第 1 期。

② 韦燕生、敖荣军：《风景名胜资源市场配置的制度创新》，《石油大学学报（社会科学版）》2005 年第 2 期。

三　融资制度创新

当前，要加快旅游融资制度创新，扩充旅游资源的融资形式。政府可以通过增发旅游企业债券、增加旅游企业上市公司、制定财政、工商等优惠政策，吸收国外以及国内私人资本，拓展旅游融资途径。金融部门也可以对旅游项目优先贷款，加大对于旅游投入的信贷期限，实行旅游产业基金、开放式旅游基金和股权置换等方式，进行市场融资。要通过股份制合作等形式，大力培育社会新型投资主体，鼓励民间资本投资旅游业，[①] 同时坚持内外资并用的原则。要设计创新旅游投资形式的制度，可以选择条件相对成熟的区域，采取经营权转让、租赁等方式，出让旅游资源的使用权，将旅游资源优势充分地发挥出来。[②] 以黑龙江省为例，构建以黑龙江省文化发展基金为核心，联合银行、风投集团、省级旅游投资公司和融资担保公司为基本架构的产业投融资平台。完善资源开发政府担保机制。选择一批优质旅游资源，吸引有实力的旅游开发企业落户资源地，开展资源开发、担保、审批试点。探索开展旅游产权交易机制。针对文化旅游项目，设计专利权、著作权以及经过评估的文化资源、销售合同、门票等作为银行信贷抵押物的金融产品与服务，拓展融资新渠道。

四　经营机制创新

我国旅游经营机制较为传统，与旅游发达国家相比差距较大。长久以来，风景名胜区的经营模式主要是由景区管理机构属下的事业单位进行企业化经营，经营主体实际上仍然是景区管理机构，作为行政单位，往往是无偿得到并使用风景名胜资源，没有任何的风险，因此也就缺乏相应的责任感和压力。只有具有可转让性，风景名胜资源的开发权才能够通过市场竞争分配给最佳的开发者。但是目前我国风景

---

① 蒋莎：《旅游管理体制的国际比较及启示》，《鄂州大学学报》2007 年第 3 期。

② 王红：《"国际旅游岛背景"下的海南旅游业制度创新》，《新东方》2009 年第 6 期。

名胜资源的可转让性极低，对资源开发权的获取和分配基本不存在市场竞争。① 这就要求我们要着力加强旅游经营机制创新，在经营方面引入竞争机制，以实现旅游资源配置的最优化。比如，黑龙江省以国有、民营文化企业集团为主体，完善大项目规划、管理、监督机制，持续推动重点产业园区（基地）建设，以重大项目为依托，带动相关产业融合发展，培育、延伸文化产业链条，拓展文化旅游市场的占有份额。

五　资源配置制度创新

旅游资源配置制度创新的目标是实现旅游资源配置效率的提升，让旅游资源按照市场的规律流动，在规定性的条件框架内，实现旅游参与主体偏好的最大化，限制成本的最小化。当前，我国旅游资源配置的制度创新，就是要明确界定旅游产权，即所有权和经营权的主体，建立起多元化的产权安排模式。要将旅游资源分档分级，按照划分的等级来确定配置资源的方式，等级越高政府在资源保护和开发中的作用要越大，等级越低市场调节的作用要越大。同时，要加强各级政府对旅游资源配置的监督和管理，对旅游资源流转的过程以及开发方向实行监管，以旅游资源开发利用规划为基本依据，明确旅游资源开发利用的具体要求和措施。要健全旅游资源产权的法律制度体系，只有具有法律认可的产权形式，才可以加入社会合法交易过程，从法律上明确旅游资源的权利，做到旅游资源的交易和开发能够有法可依。要加大资源整合力度。以黑龙江为例，就是推动黑龙江省与省内外、国内外开展多领域、多层次深入合作，形成资源互补、产品共创、市场共建、利益共享的区域旅游合作新格局。在国际层面主要加强和东北亚的战略合作；在国内层面加强与长三角、珠三角、环渤海三大经济发展实体的合作；在大东北层面上，加强同临近省区吉林、内蒙古合作。

---

① 韦燕生、敖荣军：《风景名胜资源市场配置的制度创新》，《石油大学学报（社会科学版）》2005 年第 2 期。

第五节　旅游制度创新的难点

当前，我国旅游制度创新的难点在于，传统观念束缚、利益藩篱掣肘、企业保守惰性、国有资产流失等方面，只有克服这些困难，我国旅游制度创新才能取得预期效果。

一　传统观念束缚

观念对于制度创新至关重要，观念陈旧必然会阻碍创新，观念先进就会支持创新。旅游制度创新也与观念具有密切的联系，传统观念在一定程度上束缚和约束了旅游制度创新。以风景名胜资源不应纳入市场经济轨道的观点为例，一种观点认为风景名胜区是社会公益物品，应该直接由政府实行公益性的管理，而不应将其作为普通的经济资源纳入市场。另一种观点认为，我国正处于计划经济向市场经济转轨的过渡期，过分引入市场机制或利用价值规律不利于资源保护。[1]这两种观点否定了当地社区和居民对风景名胜资源的优先享用权，违背了可持续发展的区际公平性原则，脱离了现阶段我国风景名胜区投入不足的现实，[2] 实质上是对市场经济的偏见。此外，不少旅游企业习惯于原来的管理系统，缺乏科学认识，重视程度不够。为此，要实现旅游制度创新，就必须打破这些与社会主义市场经济发展不符合的错误观念，以先进的思想和理念来推动旅游制度创新。《旅游法》规定，国家制定并实施旅游形象推广战略。国务院旅游主管部门统筹组织国家旅游形象的境外推广工作，建立旅游形象推广机构和网络，开展旅游国际合作与交流。县级以上地方人民政府统筹组织本地的旅游形象推广工作。[3]

---

① 张芙华：《经济伦理道德建设：对市场经济的适应和超越》，《伦理学研究》2004年第 1 期。

② 韦燕生、敖荣军：《风景名胜资源市场配置的制度创新》，《石油大学学报（社会科学版）》2005 年第 2 期。

③ 《中华人民共和国旅游法》，中国法制出版社 2013 年版。

二 利益藩篱掣肘

旅游主体都是利益的代表，都应该享有旅游发展带来的利益，而利益集团构成结构与力量对比及博弈。旅游经济制度创新的本质，就是旅游产业中不同利益集团在强势利益集团主导下的有意识、有目的的重新界定旅游经济利益关系和权力关系的博弈乃至斗争的过程。利益集团的构成结构是指由不同利益集团的比例关系与相互制衡关系而形成的旅游经济关系基本状况与特征，它是一地区不同利益集团力量对比与博弈过程、方式和结果的基本依据。[①] 从根本上说，旅游经济制度变迁的方向、形式、速度、广度、深度、时间和路径，取决于不同利益集团的力量对比，也受到强势利益集团的支配与操作。随着经济社会的发展，不同行政区域之间的联系越来越密切。这种趋势要求政府突破狭小的区域概念，整合资源、协调冲突、消除内耗、增强合力，向更大的市场空间发展。我国区域层面近年来暴露出来的旅游协调发展问题日益突出，使得跨行政区域的旅游规划更显紧迫。在这种形势下，国家旅游局从促进全国旅游发展的高度出发，积极推动大区域旅游的合作与发展。为此，相继组织制定了长江三峡、西部旅游投资、香格里拉、青藏铁路、红色旅游等区域规划。我们就是要在中国特色社会主义制度下，平衡这些利益关系，使旅游发展实现利益均沾，共同形成推动旅游发展的合力。

三 企业保守惰性

旅游企业是旅游发展的重要主体之一，任何改革与创新都势必涉及企业的制度、利益、行为。旅游企业在旅游制度创新中，扮演着重要的角色，但是基于认知能力、长期经验、具体利益等的差异，并非所有企业在任何时期，都是积极支持和致力于旅游制度的创新，旅游企业也会产生旅游制度创新的保守和惰性。建立"有限政府"主要

---

① 郭鲁芳：《旅行社及其核心利益相关者均衡发展机制探究》，《旅游学刊》2006年第12期。

是要求政府权能必须有限，尤其是在确信受到特殊利益集团相当程度的有组织影响的部门，要限制政府介入。企业如果处在政治权力的保护伞下，就会失去应有的风险意识和竞争动力，劳动生产率低下。因此，按照有限政府的要求：第一步是要实现政企分离，杜绝政府的"越位"行为。只有把企业变为独立的、面向市场的经营主体，切断它与规制部门的千丝万缕的利益瓜葛，处于规制者地位的国家相关部门才有可能公正行使管理职能，企业也才能主动提高劳动生产率。①在长期的经营中，旅游企业会形成固定的经营模式、利益分配机制和思维定式，在面对旅游制度创新时，自然会产生不同的经营主张和利益要求。这在旅游制度创新过程中就表现为不愿意进行变革和创新，认为没有变革的必要性，从而阻止变革、拖延变革、阻碍创新。因此，旅游制度创新中，作为主要创新主体的旅游企业，在面临经营困境和市场变革时，可能会积极推动制度创新，成为创新的主导者、参与者。但在企业经营状况良好、市场稳定的时期，企业就会缺乏创新的积极性，对于变革和创新缺乏热情，参与度不高。鉴于此，在推动旅游制度创新的进程中，要努力打破旅游企业的思维定式和保守惰性，使其认识变革创新的现实性、重要性和紧迫性，使其积极地参与到旅游制度创新的进程中来。

四　国有资产流失

任何变革都涉及利益的重新分割和利益分配机制的重新设定，旅游市场也不例外。大体上说，旅游资源属于排他性资源，并非完全竞争的市场。因此，在旅游制度创新中，要着重解决好企业和景点的所有权改制问题和旅游市场的经营准入问题。在旅游制度创新中，所有权的界定和改制是核心的问题，到底企业是国有性质还是私人承包，旅游资源所有权是国家还是集团，或是企业所有，这些问题处理的是否得当，势必会影响到旅游制度创新的效率和成果。这其中尤其要注意的就是避免重走国有企业贱卖、国有资产流失的老路，不能在不透

---

① 潘石：《政府规制的制度分析与制度创新》，《长白学刊》2004 年第 1 期。

明、不市场、不经济的情况下，就使原属国有的旅游企业转到某些人或某些集团手中。传统国有企业这种归属性控制权分享安排是比较科学的，但在实践中，由于缺乏监督约束机制，厂长的经营权成了独断专行权；公司制国有企业的归属性控制权分享安排由《公司法》规定，由国家、经营者和生产者共同分享。但事实上，职工的参与控制权始终流于形式。① 此外，真正的变革和创新是开放、透明、法制、竞争的，让各参与主体平等、公平地参与变革，不能在机制上将部分人或企业排斥与改革和竞争之外。因此，在旅游制度创新过程中，要防止国有资产流失现象的发生。要明确国有资产的职能定位问题，对于投资运营于公共服务、保护生态环境、保障国家安全的公益性国有资本，要注重对服务质量的保证和对成本的控制。对于投资经营于引领科技进步，具有占有性、竞争性领域的收益国有资本，要提高资本运用效率，保证国有资本的增值。

---

① 年志远：《国有企业所有权分享安排及创新研究》，《经济纵横》2007 年第 2 期。

第七章　建设世界旅游强国制度创新的对策建议

　　旅游大国是在各方面指标上处于较高的水平，而旅游强国则是在旅游制度建设、旅游可持续发展能力上具有较好的程度。1999 年国家旅游局提出，2020 年要把我国建设成为旅游强国，实现旅游业的跨越式发展。事实上，2012 年我国已经成为世界第三大出境客源国和第三大旅游目的地国，成为名副其实的旅游大国，正在向着旅游强国的既定目标迈进。但在我国由旅游大国向旅游强国迈进的过程中，也面临着诸多制约性、瓶颈性的问题和矛盾，其中制度的因素最为根本、最为重要，也最难以解决，关乎其他方面的问题和矛盾能否顺利得到解决。旅游制度设计与安排的缺陷体现在旅游业发展的实践中，表现为体制基础和制度支撑明显不足，导致旅游业发展的质量不高、效益不好、创新不够。这就要求，政府要高度重视旅游业的制度建设，彻底改变旅游业制度供给不足、非均衡化、条块分割等现状，重视旅游业多元主体的制度安排。具体而言，就是要充分利用"改革红利"释放，加快旅游法律制度建设，深化旅游管理体制创新，推进旅游企业制度创新，通过制度整顿旅游市场，健全旅游资源补偿制度，建立旅游社会参与制度，强化旅游监管法律制度，切实形成能够推动世界旅游强国建设的旅游制度框架体系。

第一节　中国旅游业制度建设的目标

　　根据旅游业制度建设的特点和当前我国旅游业制度建设的现状，旅游业制度建设的目标应该分为长远目标和短期目标。长期目标就是要构建起完善的旅游业制度框架体系，在各个层次、各个领域、各个方面，凡是涉及旅游业发展的问题，都有相应的制度予以规范。短期目标就是要不断健全现有的旅游业相关制度，并创新有效的制度，推动当前我国旅游业的发展。

第二节　中国旅游业制度建设的长期性策略

马克思认为，制度因素是社会经济发展的内生变量，而不是独立于社会经济之外的。中国旅游业制度建设也是在社会主义市场经济条件下运行的，是循序渐进的，必将经历长期的、不断丰富的过程，要充分释放改革创造的制度红利，加快旅游业相关法律和制度的建设，深化旅游业管理体制的改革和创新。

一　树立旅游制度创新思维

党的十八届三中全会精神中蕴含着深刻的制度创新思想，是我们党尊重社会发展规律的高度自觉。实践发展永无止境，认识真理永无止境，理论创新永无止境。[1] 创新是引领发展的第一动力。坚持创新发展，是分析近代以来世界发展历程特别是总结我国改革开放成功实践的结论，是应对发展环境变化、增强发展动力、把握发展主动权、更好引领新常态的根本之策。[2] 而创新的关键是理论创新与制度创新的相互契合与推动。理论的创新发展必然有制度创新与之契合，制度创新是理论创新的基础，理论创新又推动着更高层次、更高水平的制度创新。制度创新是自主创新的保证，是促进自主创新和经济发展的非常重要的动力之一。所以，制度创新应该是需要优先解决的问题，也是在其他方面创新取得突破的关键所在。

---

[1]　胡锦涛：《坚定不移沿着中国特色社会主义道路前进为全面建成小康社会而奋斗》，人民出版社 2012 年版，第 11 页。

[2]　中共中央宣传部：《习近平总书记系列重要讲话读本（2016 版）》，学习出版社、人民出版社 2016 年版，第 133 页。

实现旅游业可持续发展的整体部署，要通过制度创新建立完善各项具体制度，形成完整的制度体系。当前，我国旅游业制度创新应该从体制改革、机制完善、政策扶持、人才培养、作风建设等方面形成鼓励和支持的良好文化和制度环境。旅游业发展中涉及的主体，政府、旅游企业、社会组织和旅游者等都应该高度重视旅游业制度创新实践，增强旅游制度创新意识，切实树立旅游制度创新思维，用实际行动推动旅游业制度创新发展。

政府的旅游主管部门应该成为旅游制度创新的引导者和协调者，在旅游制度创新中发挥积极的作用；各旅游企业和旅游组织也应该参与到旅游制度创新中来，积极探索高效的旅游制度；旅游者应该多对旅游制度创新提出意见和建议，同时支持旅游制度创新，真正成为旅游制度创新的参与者。这样，就构建起多方主体共同参与、共同协调、共同促进的旅游制度创新格局。

二 充分利用"改革红利"释放

党的十八大指出："全面建成小康社会，必须以更大的政治勇气和智慧，不失时机深化重要领域改革。"[①] 这就明确指出，改革是当前我们党执政兴国的重要任务，是关乎能否全面建成小康社会的重要工作，也指明改革要有更大的政治勇气和智慧。党的十八大报告中86次提到"改革"，并首次将"全面建成小康社会"与"全面深化改革开放"两大目标并列相提，进一步强调了深化改革开放的重大意义。随着改革开放的深入和社会主义市场经济的发展，改革已经成为当前我们党和全国各族人民最关切、最关注的字眼。可以讲，改革是实现中华民族伟大复兴的中国梦的重要途径，是中国特色社会主义取得辉煌成就的基本方式。没有改革，就没有人民的福祉，就无法满足人民对美好生活的向往，就无法营造公平正义的社会环境，就无法激发全社会、全民族干事创业的动力和激情。

---

① 胡锦涛：《坚定不移沿着中国特色社会主义道路前进为全面建成小康社会而奋斗》，人民出版社 2012 年版，第 11 页。

改革、发展、稳定是统一的，发展是最大的民意，改革是最大的红利。在 2012 年 12 月十八届中共中央政治局第一次集体学习时，习近平总书记指出，"应该看到，中国特色社会主义制度是特色鲜明、富有效率的，但还不是尽善尽美、成熟定型的。中国特色社会主义事业不断发展，中国特色社会主义制度也需要不断完善"。① 对于改革开放以来，我们党带领全国各族人民在中国特色社会主义建设事业上取得的辉煌成就，不同的社会群体和社会阶层有不同的感受和解读。比如，有的将这些成就归功于人口红利、外贸红利、土地红利，等等。这些分析和论述都各有其视角、各有其道理，但是都没有回答一个最为基本的问题，就是"为什么这些红利都出现在改革开放之后，而非改革之前"。对这个问题的回答显而易见地解答了我国发展各种红利的源泉，助推我国发展的各种红利，本质上都是改革红利的彰显，都是制度创新释放的红利。

旅游业作为我国经济发展的重要组成部分，要充分利用改革红利释放的机遇，充分利用改革的广阔空间，推动自身的跨越式发展。随着经济的快速发展和社会的加速转型，旅游业在这些变革的拉动下，也实现了超常规的快速发展，但与其他行业一样，旅游业的可持续发展也面临着深化改革的难题和困境。2014 年国务院发布的 41 号文件《关于促进旅游改革发展的若干意见》中第三点，就从加快政府职能转变、加快推进旅游领域政企分开、建立公开透明的市场准入制度等 10 个方面对深化旅游改革做出了指导。李克强总理指出，就长远来看，要打造"中国经济升级版"。打造中国经济升级版，自然也包括打造中国旅游经济的升级版。而打造世界旅游强国，大力推动旅游业发展，打造旅游业的升级版，就必须推动制度设计和创新，走出旅游制度创新的"攻坚区"和"深水区"。应该讲，当前旅游业已经成为世界经济复苏、引领世界产业调整的新引擎、新方向、新动力

---

① 习近平：《紧紧围绕坚持和发展中国特色社会主义学习宣传贯彻党的十八大精神——在十八届中央政治局第一次集体学习时的讲话（2012 年 11 月 17 日）》，新华社，2012 年 11 月 18 日电，中央政府门户网站（www.gov.cn），2012 年 11 月 19 日。

之一。我们要在全球旅游业发展的进程中，借助我国改革开放的良好机会，提升我国旅游业制度创新的主动性和主导权；要围绕旅游业转型升级的目标，创新旅游业与现代高科技深度融合的制度，创新促进旅游业的信息化、网络化、科技化建设的制度，创新促进旅游业与其他产业发展相互协调、相互支持、相互促进的制度，使这些制度相互衔接、相互贯通、相互勾连，共同构建起旅游业制度体系，以适应旅游业改革发展的要求。

三　加快旅游法律制度建设

新制度经济学认为，制度规范着人与人之间的关系，而人与人之间的关系是一种社会关系或者相互之间进行的博弈。没有法律和制度的保证，旅游业的健康有序快速发展是不可能实现的，健全的旅游法律制度是旅游业得以发展的前提和保障，但凡旅游业比较发达的国家，多数有着完善的旅游法律法规体系。改革开放 30 多年以来，伴随着我国旅游业的发展，旅游业的法制建设也在摸索中从无到有，不断地得到丰富和完善。到目前为止，已公布的旅游法规、条例、规章已不下 40 余项，如《旅行社管理条例》《导游人员管理条例》《中国公民出国旅游管理办法》《中华人民共和国旅游法》等，另外还有一些地方性旅游法规，范围涉及旅游业的方方面面，其在调整旅游业结构、规范旅游市场、解决旅游纠纷、保护旅游法律关系主体各方权利等方面，发挥了十分重要的作用。[①] 国家层面出台的关于旅游业发展的法律制度，加上各级地方政府制定的规章制度，初步形成了我国旅游业的制度管理体系。党的十八届四中全会通过的《中共中央关于全面推进依法治国若干重大问题的决定》，确定了依法治国的主旋律，也为旅游法的执行、完善，乃至《国民旅游休闲纲要》的核心"带薪休假制度"的落实提供了保障。[②]

---

① 宋才发：《旅游法教程》，知识产权出版社 2006 年版，第 34 页。
② 刘涛：《改革开放以来我国休假制度变迁研究》，硕士论文，安徽师范大学，2015 年。

　　但是随着旅游业的快速发展，现有的旅游法律和制度还是略显滞后。表现在，旅游法律法规体系不完善不健全，法制建设的立、改、废执行不力，法律和制度落实不到位。突出问题是，一些重要的法律规范缺位，导致解决旅游活动中出现的纠纷时缺乏相应的法律依据来予以规范和解决。① 旅游业的专项法规主要包括为规范旅游业发展而专门制定的法律和法规，这些法规主要针对旅游业有关领域的行业范围、经营活动、行为准则等做出严格而具体的规定，甚至有的法规还专门针对某个组织设立。它们的主要作用是维护旅游经营者和旅游消费者的利益，使旅游企业能够依法从事经营活动。② 例如，我国目前唯一的一部针对旅游景区的旅游行政法规《风景名胜区管理暂行条例》，制定于1985年，目的是为了更好地保护、开发和利用风景名胜资源。但是，随着旅游业的快速发展，在旅游资源开发、保护、利用方面，已经出现了许多新情况、新问题、新矛盾，③ 而对风景名胜区的管理条例却丝毫没有针对这些变化做出相应地调整，势必导致其无法适应当前形势发展和变化的要求。

　　我国旅游业发展中的法制建设还存在重公法轻私法的问题，与国际要求和普遍规律存在较大差距。在我国，旅游法属于经济法范畴，既应当调整纵向的法律关系，也应当调整横向的法律关系。然而，我国现有的旅游法规多是调整纵向法律关系的，突出旅游管理部门对旅游经营者的管理，主要规定旅游企业或从业人员的行为、职权、责任等，而调整横向法律关系的规范，即调整旅游者、旅游服务提供者之间关系的法规明显不足。④ 在旅游业发达的国家中，对旅游规划是否科学、旅游线路是否明确、服务机构是否具备市场准入资质，乃至游客是否具备环境保护意识、是否能文明旅游等，都已经纳入到国家旅

---

① 蒋丽丽：《GATS框架下我国旅游法律制度的构建》，硕士论文，哈尔滨工程大学，2008年。

② 黄大勇：《关于完善我国旅游法律体系的思考》，《西南民族大学学报》2003年第6期。

③ 蒋丽丽：《GATS框架下我国旅游法律制度的构建》，硕士论文，哈尔滨工程大学，2008年。

④ 同上。

游政策和旅游法律加以规范的内容。因此，当前应该积极借鉴各个世界旅游强国的先进经验，尽快完善旅行社管理、旅行社反不正当竞争、旅游保险、导游管理、旅游企业关系协调、旅游企业与旅行者关系协调等方面的法律制度，形成一个既符合我国旅游业发展现状，又与国际旅游立法相接轨、达到世界先进水平的、高效率高质量的中国旅游法律体系。党的十八届三中全会提出："整合执法主体，相对集中执法权，推进综合执法，着力解决权责交叉、多头执法问题，建立权责统一、权威高效的行政执法体制。"①

四　深化旅游管理体制创新

旅游可持续发展的关键在管理，包括旅游开发计划、旅游教育和旅游监控，等等。旅游业管理体制是否完善和健全，是旅游业能否顺利发展的重要前提，如果连最基本的管理体制都出现问题，旅游业就不可能得到更好更快更大的发展。受历史条件的影响，我国旅游业管理体制还处在不健全、不理顺的阶段。② 这主要表现为：旅游业管理纷繁复杂且不明确，还处在多级多头管理的状况。从权力划分的角度

---

① 《中共中央关于全面深化改革若干重大问题的决定》，人民出版社 2013 年版。

② 在我国，现存的分权体制问题是十分突出的。（1）在国家一级，以部门立法为前提形成现行体制，虽然各个法律都对管理体制做出了规定，确立了相应的主管部门，但所有法律实际上是由主管部门分别起草，然后报全国人大常委会通过的，立法时缺乏综合平衡，立法时间有先后，也缺乏通盘考虑。部门保护主义的倾向十分明显，各部门的职权都是自己规定的，难免从自身利益出发来考虑问题，从而忽视整体利益，造成权力设置的重复与空白，只有分工没有协作，既不能充分发挥各部门的作用，又不能形成整体效益；反而因为各部门的权力竞争造成对整体利益的损害。（2）在地方性一级，综合管理部门与分管部门均按照各级地方政府与上级主管部门双重领导的模式建立，在实践中，资源管理的综合部门既无法脱离地方保护主义的干扰真正实施国家统一管理的方针政策，又由于中央机关间的关系紧张而与其他职能部门争权夺利，经常处于无法真正按照自己的意志实施管理的困境。（3）一些管理机构的法律地位不明确，职权不定，难以实现管理目标。在有关法律中，关于区域管理都有规定，但各种分区缺乏统一的标准，无法发挥对资源统一管理的作用。目前，在许多区域出现的旅游资源严重破坏和污染的现象，无不让人对这一现行的管理体制产生怀疑。这一状况若不能得到改善，我国的旅游资源保护将面临一场重大的灾难。参见胡艳霞《建立与完善我国旅游资源法律制度研究》，硕士学位论文，西南政法大学，2004 年。

上来说，行政部门与各级旅游局完全处于不同的体系中，但却在旅游管理和受益中均沾利益、划分权力。以我国著名风景区黄山为例，中央各部、委、办以及很多的地方机构都在黄山景区建有其直属的宾馆、疗养院、旅行社、度假村，而且不少部门有自己组织的公费及半公费客源，对自己的所属范围进行管理，获取相应的利益。像这种条块分割、政出多门、各行其是、政策打架的情况由来已久，一直未得到真正有效地解决，目前已经成为制约我国旅游业发展的重要影响因素。可见，目前旅游业的协调能力十分有限，相关政策还不成熟，不能适应旅游业快速发展的需要。

　　党的十八届三中全会指出："经济体制改革是全面深化改革的重点，核心问题是处理好政府和市场的关系，使市场在资源配置中起决定性作用和更好发挥政府作用。市场决定资源配置是市场经济的一般规律，健全社会主义市场经济体制必须遵循这条规律，着力解决市场体系不完善、政府干预过多和监管不到位问题。"① 旅游业运行30多年的经验表明，强化跨部门、跨地区的协调管理力度，是实现旅游业顺利运营和健康发展的基本保证。旅游行政管理部门之所以难以转变上述这种状况，究其原因在于，计划经济的思维观念和制度影响依然存在，影响着我国旅游业的发展。计划经济下，社会服务体系重复存在，缺乏行业分工，给旅游行政管理的有序开展带来诸多困难。作为综合性产业，旅游业是多主体参与的产业，因其所涉及的领域比较宽泛，包括吃、喝、住、行、娱、购等，必然需要多方面的配合与协调，既需要政府对旅游业的指导和管理，也需要多行业、多部门的配合和支持。其中政府的统筹规划和科学管理对旅游业的发展尤为重要，没有政府的有效管理，旅游业的发展就会成为无源之水、无本之木，甚至会偏离本来的方向，进入发展的困境。相反，如果政府能够对旅游业实行有效的管理，则能使旅游业更好更快更大的发展，实现旅游业的持续健康跨越发展。目前，旅游管理机制混乱已经成为制约我国旅游业发展的瓶颈，也是旅游业发展必须克服的困难，

---

① 《中共中央关于全面深化改革若干重大问题的决定》，人民出版社2013年版。

摒弃原有管理体制的弊端，建立科学合理的管理、规划体制显得尤为重要、势在必行。

针对以上问题，必须着力加强旅游管理体制机制创新。要充分发挥政府的主导作用，构建有限政府主导与市场支撑相结合的旅游制度创新模式，改变"政府主宰"与"市场附庸"的困境，实现旅游业与相关行业的深度结合、协调发展，切实解决旅游管理中出现的"重叠"与"真空"问题。因此，我国发展旅游业要进一步实施政府主导型发展战略，研究制定科学的旅游产业政策，逐步解决"体制不顺，政策不力，结构不合理"这三大影响旅游业发展的问题，进一步调动、引导和保护各方面发展旅游的积极性，加快旅游业资源优势向经济优势和产业优势的转化。[①] 各旅游景区也必须着力突破行政区划的限制，建立"全方位"多维合作和"立体型"系统协调的旅游管理体制和旅游合作机制，提升区域内旅游产品的组合度和优势度，获取区域旅游水平和效益的叠加与乘数效应，以区域旅游整合式发展，推动我国旅游业可持续的结构性、体制性发展，而非旅游业单纯性的功能性、政策性增长。

第三节　中国旅游业制度建设的针对性对策

新制度经济学的核心思想是，制度对于经济运行的绩效是至关重要的。当前，我国旅游业制度建设迫在眉睫，应该创新旅游企业运行制度，完善旅游市场整顿制度，健全旅游资源补偿制度，建立旅游社会参与制度，强化旅游发展监管制度。

一　创新旅游企业运行机制

在社会主义市场经济条件下，旅游企业是旅游业发展的直接参与者和主体，在旅游业发展中具有举足轻重的作用，没有强大的旅游企

---

① 王兴斌：《邓小平旅游经济思想与当代中国旅游经济的发展》，《国土经济》2001年第 2 期。

业就不会有强大的旅游产业，只有旅游企业做大做强，旅游业才会做大做强，只有旅游企业具有走向世界的竞争力和影响力，我国旅游业才会在世界旅游业发展中占有重要的一席之地。为此，促进旅游企业的自我发展、自我完善、自我壮大是旅游业发展的必要条件和根本环节。我国旅游业起步较晚，旅游企业的规模也与世界旅游强国存在较大的差距。特别是目前的情况不容乐观，有些地方错误和扭曲地理解"政府主导"的概念，导致许多旅游企业的管理体制未能理顺，造成旅游企业管理混乱的局面，由"多头管理"导致"空头管理"的情况普遍存在。在很多政府主导的旅游企业中，组织架构混乱，缺乏标准流程，管理关系复杂，使得企业的运行过程不透明、效率低，遇到问题需要多头请示、多头汇报，浪费大量的人力、物力、财力和时间，但实际问题并不能得到有效解决。

我们应该借鉴旅游业发达国家的经验，将旅游企业真正地推向市场，与政府在隶属关系上脱钩，成为市场主体，打造集团化、规模化的旅游集团。国内外大量事实证明，旅游企业集团化发展能形成规模经济效应，有利于降低运营成本，共享旅游信息和资源，是增强区域旅游企业竞争力和创造力的根本途径。政府需要做的是，为旅游企业营造良好的发展环境，严把旅游企业的市场准入、质量监管，鼓励旅游企业参与世界旅游竞争。比如，政府鼓励旅游企业采取先进的国际旅游企业认证制度。1998 年法国推出的有关野外露营地的生态标签："绿钥匙"，在法国至今为止共有 49 个野营地因能有效保持当地的自然景观和物种多样性而获得"绿钥匙"。当前，我们也可以效仿法国，建立具有影响力的旅游标签制度，使旅游企业能够有科学、高效、严格的行业规范体系，真正做到既促进旅游企业做大做强，又保护自然资源与环境的可持续发展。要充分运用国家加快发展现代服务业的各项有利的政策措施，支持中小型旅游企业在享受节能减排、技术改造、资金扶持等方面的相关优惠政策，帮助旅游企业争取专项资金，从而降低企业经营的成本。

从旅游业长远发展考虑，将旅游业的重要载体——旅游企业，推向更加自由的市场，是旅行企业能否发展壮大的关键环节，也是我国旅游企业能否在国际旅游市场激烈的竞争中脱颖而出的重要方式。当前，就是要以资产重组为契机，以产权制度改革为内容，以培育多元化的市场主体为着力点，加快现代旅游企业制度建设，进行股份合作制、员工持股制、股权激励制试点，促进旅游企业向集团化发展。同时，扶持旅游中小企业向经营专业化、市场专门化方向发展，通过制度建设，使我国旅游企业承担起建设世界旅游强国的使命，与国外大型的旅游企业接轨和抗衡。在推进旅游企业的市场化进程中，还应当完善旅游企业的发展模式。比如旅行社，我国目前的旅行社发展，主要以团体包价旅游的方式进行，使得旅行社的发展受到极大限制。这就要求创新旅游企业的业务方式和发展模式，使其适应旅游业发展的需要和满足旅行者对旅游的要求。要建立起多元化的投融资体系。转变企业融资机制，积极采用上市、组建有限责任公司、个人参股等形式大力吸引社会资金，积极利用外资，拓宽投融资渠道，加大对旅游信息化服务产业的投资力度。鼓励企业加快与资本市场对接，借助资本力量实现快速健康发展。建立健全旅游信息化服务产业的风险投资机制，鼓励设立风险投资基金和专业投资评估系统，形成多元化、市场化、专业化的风险投资机制，扶持民营旅游企业的发展。比如，黑龙江省在已经成立的文化产业投资集团的基础上，加大区域资源整合力度，构建跨地区、多元化的旅游集团体系，积极倡导国有优良资产重组和股份制改造，培育文化旅游市场主体，打造省文化旅游集团；加大招商引资力度，引进国际运行管理机构，支持对港中旅、华强、华侨城等大型企业集团合作；统筹对黑龙江省内文化旅游资源、项目开发运营。

二　完善旅游市场秩序体系

当前，要加强制度建设，加大旅游市场秩序体系建设和整顿力度，大力改善旅游市场环境，树立由旅游大国向世界旅游强国跨越的新形象。与发达国家旅游制度建设的时机相比，我国旅游业的产业规模、内涵、结构优化、发展阶段以及对国民经济和社会发展的作用，都应当是处在最好时期。但令人困惑的是，在这样的大环境、大背景下，我国旅游制度建设却明显滞后，政策的制定与旅游法制建设极不协调，旅游制度体系尚未建立。其突出表现是：基本制度缺位，监管原则不明，应该有的制度没有。比如：在旅游者的人身安全方面，虽然国家旅游局已经发布了《旅游安全管理暂行办法》等规章，但是各旅游局、旅游行业协会对相关工作的落实还不是很到位。[①] 因此，要加大旅游制度建设，在原有制度的基础上不断完善和创新更有效、更符合实际的制度，形成我国旅游业发展的制度体系，依靠制度来约束和规范旅游市场，实现旅游市场的规范化、制度化。

以旅游制度来整顿旅游市场秩序，要加大制度的执行力度。要充分发挥旅游管理部门特别是旅游局在旅游法律、政策实施中的重要作用，强化其按照已有的制度对旅游市场进行有效的监督和管理。在日常旅游执法中，受理的旅游投诉，多数是由旅游质监所、执法大队来解决，而旅游质监所和执法大队本身并不具有旅游行政权和执法权，而是经委托授权执法。这就导致旅游市场管理权限不明确、监督和管理的效率低下、管理人员素质参差不齐等问题。为此，应加强以制度管理旅游市场的力度，加强对执法人员法律知识和执法要领的培训，促进旅游行政执法水平的提高。同时，旅游者是旅游服务质量的最广泛监督者，各级旅游部门还要加强对旅游投诉的受理，提高处理投诉的效率，推动对旅游市场针对性监管，引导旅游者利用消费者协会等多种渠道和制度化、法律化的途径来解决旅游中遇到的问题。

通过制度整顿旅游市场，最重要的就是要建立并完善旅游业应急机制，真正做到未雨绸缪。要考虑诸多的突发性因素，只有多对平时出现的小问题进行考虑，才能在纷繁复杂的行业环境中获得立足之地，也才能更好地为旅游者着想，维护其相关权益。当旅游事件或者旅游危机出现的时候，旅游业各参与主体要群策群力地力求圆满地解决问题。要考虑经营性、常规性、周期性、突发性等四类风险的应急机制，这四类风险中，不同风险都需要不同的应急措施来化解，但是

---

① 谢朝武：《我国高风险旅游项目的安全管理体系研究》，《人文地理》2011年第2期。

总体来说必须要建立综合的应急机制和细化的措施。具体到每件事故如何来处理都要有预案，有备无患、防患于未然，只有准备得越充分，遇到旅游事故才能越从容，旅游市场才更有序，对旅游行业的未来发展才越有利。

三 健全旅游资源补偿制度

旅游资源补偿机制是旅游业发展的重要保障，旅游资源补偿机制是否健全，是衡量一个国家旅游业发展水平的重要标志之一。党的十八届三中全会指出："对水流、森林、山岭、草原、荒地、滩涂等自然生态空间进行统一确权登记，形成归属清晰、权责明确、监管有效的自然资源资产产权制度。"① 作为最大的旅游资源补偿制度的供给者，政府的任务是在旅游资源补偿中建立起一整套、一系列的补偿规则，协调旅游资源开发和利用中不同的利益关系，界定和保护产权。我国旅游业起步至今，旅游资源补偿制度得到较快发展，但是当前我国旅游资源补偿机制存在短板现象，在一定程度上不能适应建设旅游强国的要求。突出表现在：中央政府与地方政府之间的利益博弈，导致国家旅游资源的破坏，政府的"寻租"引起对旅游资源补偿机制实施的过度干预，以及旅游资源补偿法律法规缺失等一系列问题。这些制度短板造成旅游资源补偿机制实施成本的提高和摩擦成本的增长，使旅游资源补偿机制实施中的成本升高、效率下降，缺乏补偿机制实施的现实性和可行性。党的十八大指出，"深化资源性产品价格和税费改革，建立反映市场供求和资源稀缺程度、体现生态价值和代际补偿的资源有偿使用制度和生态补偿制度。积极开展节能量、碳排放权、排污权、水权交易试点。加强环境监管，健全生态环境保护责任追究制度和环境损害赔偿制度。"②

在旅游资源补偿机制中，要以契约化方式划清彼此的权利和责任，所有者不能随意改变契约，也就不能重新分配。比如，生态建设

---

① 《中共中央关于全面深化改革若干重大问题的决定》，人民出版社 2013 年版。
② 同上。

中所涉及的林地产权主要是农村土地产权、林权和草原使用权，承包、租赁、拍卖给企业的是自然旅游资源的使用权，除规定承包、租赁、购买的使用权几十年不变以外，还必须使承包、租赁、购买企业所获得的这种长期的资源使用权能得到严格保护，避免被他人无故的掠夺和侵蚀。使旅游企业在拥有充分的资源使用权、转让权和经营管理权的同时，必须让资源的所有者，即国家或社区居民能够因为其所有权而得到充分的补偿。旅游资源补偿机制主要体现在，补偿标准的契约化、补偿形式的规范化以及社会信用体系的建立。具体设想是：旅游开发商与当地建立社区关系，签订补偿契约，对相关的补偿进行细化，要求开发商在旅游开发过程中对生态环境破坏进行补偿，同时经营者也可以付出一定的费用，要求当地居民保护旅游资源和生态环境，参与旅游开发与经营管理，在旅游资源开发中实现利益平衡。

　　党的十八届三中全会指出："实行资源有偿使用制度和生态补偿制度。加快自然资源及其产品价格改革，全面反映市场供求、资源稀缺程度、生态环境损害成本和修复效益。坚持使用资源付费和谁污染环境、谁破坏生态谁付费原则，逐步将资源税扩展到占用各种自然生态空间。稳定和扩大退耕还林、退牧还草范围，调整严重污染和地下水严重超采区耕地用途，有序实现耕地、河湖休养生息。"[①] 旅游资源的补偿标准是补偿的核心，关系到补偿的效果和补偿者的承受能力。只有对旅游资源和生态资源做出科学、合理、实际的评估，确定补偿标准，才能顺利构建补偿机制。在进行科学衡量的基础上，也可通过各方的博弈与协商来确定旅游资源补偿的标准。由国家在法规和政策层面提供协商与仲裁机制，促进利益相关者通过多方参加的协商而达成补偿协议。生态补偿采用的形式丰富多样，除资金补偿、实物补偿外，当地居民参与旅游资源的开发与经营管理也是补偿方式中独特而有效的手段之一。旅游资源的受益者与供给者之间的补偿方式可以采用资金补偿，这是最为常见的补偿方式，也是最为直接的补偿方式。例如，补偿金、补贴、生态保证金、赠款等形式，通过这些资金

---

① 《中共中央关于全面深化改革若干重大问题的决定》，人民出版社 2013 年版。

补偿的形式来实现利用效益的公平性与科学性。实物补偿则是补偿者运用物质、劳力和土地进行补偿，给受补偿者提供部分的生产和生活要素，改善受补偿者的生活状况，增强其生产能力，有利于提高物质使用率。当地居民参与旅游经营和管理的补偿方式也是未来的方向之一，能够使居民直接参与到旅游业发展中来，实现多方的共赢和多赢。

四　建立旅游社会参与机制

旅游社会参与机制是公众及其代表根据国家旅游法律赋予的权利和义务参与旅游业发展的制度，是政府或旅游主管部门依靠公众的智慧和力量，制定旅游政策、法律、法规，确定开发旅游资源可行性，监督旅游法律和规章实施的制度。旅游业的发展必须依靠社会组织和公众的广泛参与，社会组织和公众有权参与解决旅游问题的决策过程，参与旅游管理，并对旅游管理部门以及单位、个人与旅游有关的行为进行监督和评价。客观讲，社会参与能动员和充分利用旅游资源和旅游力量，提高政府行动的有效性和市场行为的规范性，在旅游业的发展中起到重要作用。没有社会参与，旅游业发展就不会充分考虑到公众的想法和感受，就不会有源源不断的推动力。

旅游业的社会参与主体包括公民、社会组织等，其制度建设也应该以这些主体为主要参与者。社会参与原则应该在旅游资源立法中进一步得到强化，明确规定旅游社会参与制度的内容、作用和实现方式。在旅游资源、旅游监督和旅游管理中加强社会参与，是实践经验的总结，是创新旅游业可持续发展的基本方式之一。我国现行的旅游行政，权力私人化、利益化、地方化倾向日益严重，造成我国旅游资源有恶化的趋势，而单纯地依靠行政制约的自我疗法，又很难取得真正实效。在这种情况下，发展旅游资源中的社会参与是加强旅游资源行政权力公共化、社会化、全局化的重要手段。

我国旅游法应吸收社会参与机制，并可以通过以下主要途径来具体实现：要建立公众参与会议制度，定期或不定期的召开旅游资源保护监督员或公众代表会议，介绍国家旅游政策、本地旅游的开发与保护工作、旅游业出现的问题，并倾听公众代表的意见和建议。要完善人大代表、政协委员监督检查制度，在旅游法上明确人大代表、政协委员对本地区主要旅游问题或重大开发建设项目进行监督检查，进行重大旅游资源、旅游发展问题的专题调研，向当地政府提出解决问题的建议方案制度。要实施旅游资源和旅游发展政务公开制度，旅游行政主管部门要定期向公众公开执法依据、资源政策和收费标准等涉及旅游发展的重要内容，增加旅游业发展的透明度，使公众能够及时地对国家和本地区旅游业发展有客观认识。

五　强化旅游行业监管制度

《中华人民共和国旅游法》的颁布实施给旅游发展和旅游监管提供了基本法则，配套法的完善则为旅游监管提供了更加详尽的执法依据，为旅游业的发展提供保障。例如，澳大利亚旅游业发达的原因之一，是旅游代理商的市场监管制度比较完善，其规范主要是由各州的立法机关通过《旅游代理商法》来规定的。例如，西澳大利亚州《旅游代理商法》、昆士兰州《旅游代理商法》、维多利亚州《旅游代理商法》，等等。再比如日本，除《旅游基本法》之外，还制定了《旅行社法》《国际旅游振兴法》《旅游业法》《文化财产保护法》《国立公园法》等一系列相当齐全配套的旅游法规。再例如新加坡，已经颁布实施的有关旅游管理的法律有《新加坡旅游促进法》《新加坡旅行社法》《新加坡饭店法》《新加坡旅游促进税法》等，建立起严密的法律监督体系。

与发达国家旅游立法和监管相比，我国旅游业立法明显滞后，政策的制定与旅游法制建设极不协调，旅游法律体系还未完全形成，旅游业监管也不到位，这使得相关法律的协调性以及权威性受损。监管模式不明确，监管统一性差。反映在法律体系上，旅游监管所依循的法律也是多头，既有《森林法》，又有《水污染环境法》等，这种立法上的混乱直接导致了守法的困惑和执法的困难。[①] 此外，我国地方

---

① 王敏：《旅游监管法律制度研究》，硕士论文，北京交通大学，2007 年。

旅游条例多元，呈现各自为政的特点。目前，我国国务院颁布的调整旅游关系的行政法规仅有四件，国家旅游局颁布的旅游规章也仅有十几件，而地方性旅游立法众多，缺乏统一性和协调性。①

近年来，一些地方为实现和保障旅游业在本地产业中的支柱性地位，先后出台地方性旅游法规。但由于各地市场经济和旅游业发展程度不同，这些地方性旅游法规立法水平参差不齐，个别的还存在与国家政策导向相抵触的现象。②《旅游法》规定，县级以上人民政府旅游主管部门和有关部门，在履行监督检查职责或者在处理举报、投诉时，发现违反本法规定行为的，应当依法及时作出处理；对不属于本部门职责范围的事项，应当及时书面通知并移交有关部门查处。③

目前，对于旅游监管的具体内容，或者监管对象的法律规定散见于不同法律规定中，缺乏体系性和系统性，造成监管法出多门、效能不高。④ 为此，强化旅游监管立法、构建合理的监管模式、完善旅游监管法律制度是当务之急。强化旅游监管法律制度，要充分发挥社会

---

① 我国旅游监管所适用的法律法规主要由以下几部分组成：（1）全国人大或全国人大常委会制定颁布的法律。如《中华人民共和国环境保护法》《出入境管理法》《护照法》等。（2）国务院及国务院授权的有关部委制定和颁布的行政法规。有且仅有《旅行社管理条例》《导游人员管理条例》《中国公民出国旅游管理办法》《风景名胜区条例》等。（3）部门规章。《国家旅游局行政许可实施暂行办法》《大陆居民赴台湾地区旅游管理办法》《设立外商控股、外商独资旅行社暂行规定》《旅游景区质量等级评定管理办法》《旅游规划设计单位资质等级认定管理办法》《导游人员等级考核评定管理办法（试行）》等。（4）地方法规。各地尤其是旅游资源较丰富，旅游业较发达的省份的地方立法机关也结合当地的具体情况制定了一些地方法规，已经初具规模。（5）国家标准和行业标准。对标准化工作的重视是旅游业的一个特色，也是旅游监管执法的重要依据，因旅游行业本身的综合性，标准涵盖了多个层面。目前我国实施的共有20项标准。（6）国际条约和惯例。目前最受各界瞩目的是GATS关于旅游服务贸易的规定。我国是世界贸易组织的正式成员国，旅游服务业就必须适用GATS的基本原则。GATS的基本原则包括：市场准入原则、非歧视待遇原则、透明度原则等。这成为我国旅游监管法律依据的重要组成，遵守这些规则必然会加快我国旅游法制建设的步伐，必将为我国建立平等、自由、开放的旅游市场提供法律保证。参见国家旅游局官方网站：www.cnta.gov.cn.

② 王敏：《旅游监管法律制度研究》，硕士论文，北京交通大学，2007年。

③ 《中华人民共和国旅游法》，中国法制出版社2013年版。

④ 王敏：《旅游监管法律制度研究》，硕士论文，北京交通大学，2007年。

组织的作用，调动社会组织的主动性和积极性，让旅游协会等社团组织承担更多的监督和管理职能。许多原来由旅游局处理的事情转交给旅游协会办理，可以弥补旅游局监督和管理上的不足，提高旅游监督和管理的效果。例如：对外交往中，政府不便出面的，完全可委托旅游协会出面解决。①

六　探索旅游人才培养制度

旅游人才是建设世界旅游强国的关键和旅游资源的核心要素，分为旅游行政管理人员、从业人员、研究人员等。近些年来，随着旅游业的快速发展，我国旅游人才的培养也取得了较大成绩，有了一定规模的旅游人才储备。但就客观而言，当前还存在着旅游人才层次、规模、素质、能力、培养与旅游业发展不适应、不协调的问题，旅游人才队伍建设明显滞后于旅游业发展的速度，成为制约旅游业发展的突出问题和主要障碍。为此，我们应该高度重视旅游人才队伍建设，对旅游人才建设进行超前规划。加强旅游人才队伍建设的重点是加强制度安排和制度设计，在制度的层面来规范旅游人才的培养，使旅游人才的培养具有计划性和前瞻性。2014 年《国务院关于促进旅游改革发展的若干意见》强调指出，实施人才强旅、科技兴旅战略，编制全国旅游人才中长期发展规划，优化人才发展的体制机制。

旅游人才队伍建设的重点是培养旅游企业经营管理人才队伍、旅游行业直接从业人员队伍，打造具有国际眼界、事业开阔的旅游企业管理者。要实施企业家培养工程，以提高战略开拓能力和现代化经营管理水平为核心，加快培养和造就一批具有创新意识和能力、适应经济全球化要求，熟悉国际国内市场、具有先进水平的优秀企业家。同时，要实施职业经理人培养工程，打造一支懂得国际通行规则、熟悉现代管理理念，具有较强的专业知识和较强的创新能力及文化沟通能力，具有国际竞争力的旅游职业经理人队伍。建设一支熟练掌握服务

---

① 王敏：《旅游监管法律制度研究》，硕士论文，北京交通大学，2007 年。

技能、具有良好文化修养，文明礼貌、敬业爱岗的服务技能人才队
伍。① 要推动建立多层次的旅游信息化人才培养体系，创新培养模式。
引导发挥社会教育与培训机构的作用，鼓励企业与高等院校及培训机
构合作培养人才，建立企业实习培训机制，建设实践实训基地。加强
旅游人才培养的制度建设，要强化财税、金融、科研、创业、管理和
服务等综合支持手段，健全医疗、科研、住房、户籍、职称、奖励等
人才政策，建立和完善期权、股权、技术入股、业绩等分配制度和激
励制度，建立高层次人才的创业与创新支持体系、管理和服务保障体
系，营造有利于高端人才脱颖而出的人才发展环境。加大人才引进力
度，积极引进符合我国产业政策的高级研发人员、高级管理人员和高
级营销人员，鼓励旅游企业聘用高端人才。对旅游管理人员和旅游从
业人员进行强化培训，要通过"请进来，送出去"和长期、短期培
训相结合等多种方式、多种途径加强旅游人才的培训工作，形成高、
中、低结构合理的旅游人才队伍，提高旅游管理和旅游服务水平，增
强旅游企业的市场竞争力。

黑龙江省旅游人才培养制度创新取得较好的成效。构建行政管
理、企业经营、行业服务三个层次相配套的旅游人才体系，优化用人
机制，建立旅游人才流通市场，扩大高级人才引进机制，建设旅游职
业经理人和旅游专业技术人才信息库，建立黑龙江省文化旅游人才网
站，每年组织高级旅游人才洽谈会和旅游人才专场招聘会，加强与国
内外知名院校在旅游人才培养方面的合作。发挥行业协会作用，与国
家旅游局等相关部门合作，对旅游专业技术人才、技能人才进行分类
界定，完善专业技术职务任职评价方法，建立旅游从业人员职业资格
认证制度。依托国家、升级旅游人才培训资源，将高等院校旅游院系
和旅游职业教育建设相结合，完善建立省、市、县、企业四级培训体
系，形成多层次的旅游专业教育培训网络，探索建立"相关院校、对
口专业、培训基地"相结合的旅游人才培养新机制，实现旅游从业人

---

① 刘住：《走旅游人才强国之路——中国旅游人才状况及规划方向》，《旅游学刊》
2006 年第 12 期。

员在岗培训常态化。

七　形成旅游区域协作机制

旅游业的区域合作是旅游业做大做强的重要途径，加强其制度建设尤为重要。早在 2009 年《国务院关于加快发展旅游业的意见》中就提出，促进区域旅游协调发展，东部发达地区、东北老工业基地要通过经济结构调整，提升旅游发展水平。2016 年首届世界旅游大会发布的《北京宣言》中强调："旅游业通过鼓励加强各层级合作，增进民族与文明间的相互尊重、包容和理解，有助于促进发达国家和地区与发展中国家和地区之间的经贸和文化联系。"① 我们要加强区域合作，依托资源和产品建设现状，培育富有竞争力的产业集群；通过空间协调政策安排，优化区域旅游空间结构，促成不同行政区域范围内资源和产品的联合开发。要创新区域旅游合作机制，打造大东北旅游圈，引入如"东北旅游规划协调委员会"等协作组织，保障区域旅游合作的有效性。其中，道路交通、政策法规和旅游营销等方面是区域旅游合作的重点领域，需给予特别重视。

以东北地区旅游业发展为例，黑、吉、辽和内蒙古东北部等各东北地区地域紧连，建立大东北旅游圈、发展区域旅游合作具有不亚于"长三角"地区的优越条件。重视旅游组合策略，把多种旅游形式科学合理而又富有创造性的组合起来，推向市场，形成竞争合力，增强旅游业的多重效能。在旅游业内部不断进行结构优化与调整的同时，树立新的资源观、优势观、竞争观、民生观、改革观、发展观、财富观和政绩观，搞好经济、政治、法律、社会、文化等的系统变革，为旅游业的可持续发展做好支撑和保证。从东北"4 + 1"城市旅游联合体，到"东北老工业基地区域旅游规划"的编制，到 2007 年 7 个主要城市签订的《关于加强旅游战略合作的框架协议书》，大连等 12 个地市以及长白山、镜泊湖 2 个管委会结成的"12 + 2"的旅游合作

---

① 《北京宣言——推动可持续旅游　促进发展与和平》，《中国旅游报》2016 年 5 月 24 日。

联盟，以及在大连召开的第四届东亚国际旅游博览会上推出的"东北东线旅游"概念。为大东北旅游圈的建立在一定程度上奠定了合作意向基础。《振兴东北老工业基地区域旅游规划》规定，形成五大区的空间格局。一是以沈阳、大连为一级枢纽地的辽宁旅游区：重点发展滨海旅游产品、城市观光旅游产品，共和国史迹和会展旅游产品，强势打造沈阳、大连、丹东、锦州—葫芦岛等旅游中心城市。二是以长春为一级枢纽地的吉林旅游区：重点发展生态观光、冰雪旅游、朝鲜族民族风情以及共和国史迹旅游产品系列，强势打造长春、吉林、延吉等旅游中心城市。三是以哈尔滨为一级枢纽地的黑龙江旅游区：重点发展冰雪旅游、生态旅游、边境旅游以及城市观光产品系列，强势打造哈尔滨、牡丹江、黑河等旅游中心城市。四是以海拉尔、满洲里为主要枢纽地的蒙东北草原—大兴安岭旅游区：重点发展草原风情、边境旅游、滑雪旅游、森林生态、"神州北极"（漠河）为主要发展方向，强势打造呼伦贝尔、满洲里、乌兰浩特、漠河等旅游中心城市。五是以赤峰、通辽为主要枢纽地的蒙东南旅游区：以草原风情和蒙元文化旅游为主要发展方向，重点建设赤峰、通辽、锡林浩特旅游中心城市。东北地区正在携手共建东北旅游大格局，开创地区间无障碍旅游新局面。

形成大东北旅游圈的旅游协同制度，要突破观念束缚、利益差异、资源差别等多重障碍。要建立旅游组织协调协同机构，跨越行政区划，其运行机制上要加强调控能力，建立起畅通的联系机制，专门负责研究策划、统筹规划、联系沟通、指导实施、信息服务、政策法规咨询等方面的工作，推动和引导区际旅游全方位，多层次和高效益的全面合作。从我国旅游行政管理体制和"地方利益主义"的负面影响看，在旅游发展协同区域内的发展方向、分工协作体系，必须要有明确、指导性强、有约束力的法规性方案。这种法规性方案来自于科学合理的区域旅游规划，超出行政界限限制，按协同发展条件对重点旅游区进行重点规划，并通过专门机构确保旅游规划的实施。

结　　论

　　改革开放近40年来，随着中国经济的快速发展和社会的加速转型，旅游业也随之实现了超常规的跨越发展，但是同各行各业一样，旅游业的可持续发展也面临着深化改革的难题。可以讲，中国由世界旅游大国到世界旅游强国的跃升，主要是由中国经济的大节奏、大背景来带动和拉动的，尚未形成内涵式、质量式、结构性、体制性的发展特色。为此，不进行深刻的体制改革和制度创新，中国旅游业不会实现真正的科学发展和可持续发展，也不会在内涵和质量上真正实现建设世界旅游强国的目标。

　　在中国旅游业发展由弱到大、由大到强的目标实现过程中，价值理性和非物质取向得到尊重，内部性和外部性的严重失衡得到纠正，功利取向和人文价值合理配置，为实现这些内涵性、特质性要求，唯有建立科学而充分有效的制度安排与保障。党的十八大、十八届三中全会、十八届四中全会、十八届五中全会精神给中国旅游业以鼓舞，同时也给中国旅游业改革创新、建设世界旅游强国带来了空前的战略机遇。中国旅游业发展必须克服简单行政强制，使自身的理论研究跟上实践需要，克服单纯功利驱动，前瞻性地创设有效的制度，形成制度体系和框架，并加强这些制度之间的衔接，提升制度的执行力。

　　2013年4月25日，第十二届全国人大常务委员会第2次会议通过了《中华人民共和国旅游法》，自2013年10月1日起施行。《旅游法》颁布后，我国旅游业的法律和制度建设就是要依据旅游法，以旅游法为圆心，形成不同层级的制度体系，进而形成我国旅游业的法律和制度框架，使旅游业发展中的每个问题、每个矛盾都能够在这个体系和框架内得到真正有效地解决，推动我国由世界旅游大国向世界旅游强国迈进。这就要求各旅游主体，政府、社会组织、旅游企业、旅游者等，都能够高度重视旅游业的法律和制度建设，自觉地尊重、丰富和执行这些相关规定，并积极进行旅游业的制度创新，使整个国家的旅游业发展纳入到制度化、规范化的轨道上来，共同开创我国旅游业发展的美好未来。

参 考 文 献

一 中文参考文献

（一）中文著作

[1] 保继刚：《旅游开发研究：原理·方法·实践》，科学出版社2003年版。

[2] 陈放：《中国旅游策划》，中国物资出版社2003年版。

[3] 陈福义：《中国旅游资源学》，中国旅游出版社2002年版。

[4] 段文斌等：《制度经济学》，南开大学出版社2003年版。

[5] 高峻：《旅游资源规划与开发》，清华大学出版社2007年版。

[6] 高峻主编：《都市旅游国际经验与中国实践》，中国旅游出版社2008年版。

[7] 国家旅游局：《中国旅游年鉴（2009—2012）》，中国旅游出版社2009—2012年版。

[8] 国务院振兴东北办课题组：《资源开发补偿机制和衰退产业援助机制研究》，内部研究总报告2006年版。

[9] 简王华：《旅游规划与开发》，华中师范大学出版社2006年版。

[10] 匡林：《旅游业政府主导型发展战略研究》，中国旅游出版社2001年版。

[11] 雷钦礼：《制度变迁、技术创新与经济增长》，中国统计出版社2003年版。

[12] 李亚非：《旅游经济》，中国林业出版社2001年版。

[13] 林南枝：《旅游经济学》，南开大学出版社2000年版。

［14］刘锋：《中国西部旅游发展战略研究》，中国旅游出版社 2001 年版。

［15］卢现祥：《新制度经济学》，北京大学出版社 2008 年版。

［16］骆高远：《旅游资源学》，浙江大学出版社 2005 年版。

［17］马乃喜：《生态环境保护原理与实践》，陕西人民出版社 2002 年版。

［18］马勇：《WTO 与中国旅游产业发展新论》，科学出版社 2003 年版。

［19］［美］埃瑞克·菲吕博顿：《新制度经济学》，孙经纬译，上海财经大学出版社 1998 年版。

［20］［美］科斯：《企业、市场与法律》，盛洪、陈郁译，上海三联书店 1990 年版。

［21］［美］道格拉斯·诺思：《经济史中的结构和变迁》，陈郁、罗华平等译，上海人民出版社 1991 年版。

［22］［美］诺思、托马斯：《西方世界的兴起》，盛洪、陈郁译，华夏出版社 1988 年版。

［23］［美］R. J. 巴罗、X. 萨拉伊马丁：《经济增长》，何晖、刘明兴译，中国社会科学出版社 2000 年版。

［24］［美］威廉·瑟厄波德：《全球旅游新论》，张广瑞译，中国旅游出版社 2001 年版。

［25］宁士敏：《中国旅游消费研究》，北京大学出版社 2003 年版。

［26］宁泽群：《旅游经济产业与政策》，中国旅游出版社 2005 年版。

［27］全华：《旅游资源开发与管理》，旅游教育出版社 2006 年版。

［28］司马志：《制度变迁与中国旅游产业发展》，上海社会科学院出版社 2012 年版。

［29］盛洪主编：《现代制度经济学》，北京大学出版社 2003 年版。

［30］汤姿：《黑龙江省农村生态环境建设与制度创新》，黑龙江人民出版社 2009 年版。

［31］田里：《旅游经济学》，高等教育出版社 2002 年版。

［32］田里：《生态旅游》，南开大学出版社 2003 年版。

［33］ 伍飞：《旅游整合世界》，北京大学出版社 2008 年版。

［34］ 魏小安：《旅游强国之路》，中国旅游出版社 2003 年版。

［35］ 魏小安：《旅游业态创新与新商机》，中国旅游出版社 2009 年版。

［36］ 魏小安等：《中国旅游业新世纪发展大趋势》，广东旅游出版社 1999 年版。

［37］ 吴必虎、舒华：《节事活动规划与城市转型》，中国建筑出版社 2013 年版。

［38］ 吴必虎：《国内旅游客源市场系统研究》，华东师范大学出版社 1999 年版。

［39］ 吴必虎：《区域旅游规划原理》，中国旅游出版社 2001 年版。

［40］ 吴玲、王世瑛：《中国旅游地区概况》，旅游教育出版社 2006 年版。

［41］ 吴章文：《森林旅游区环境资源评价研究》，中国环境科学出版社 2003 年版。

［42］ 邢定康：《旅游学研究》，东南大学出版社 2007 年版。

［43］ 印开蒲、鄢和琳：《生态旅游与可持续发展》，四川大学出版社 2003 年版。

［44］ ［英］阿瑟·刘易斯：《经济增长理论》，上海三联书店 1993 年版。

［45］ 张帆：《旅游对区域经济发展贡献度研究》，经济科学出版社 2003 年版。

［46］ 张广瑞：《中国旅游发展与预测（2009—2012）》，社会科学文献出版社 2009—2012 年版。

［47］ 张辉等：《转型时期中国旅游产业环境、制度与模式研究》，旅游教育出版社 2005 年版。

［48］ 张建春：《旅游经济学》，高等教育出版社 2001 年版。

［49］ 张建萍：《生态旅游理论与实践》，中国旅游出版社 2001 年版。

［50］ 张丽君：《毗邻中外边境城市功能互动研究》，中国经济出版社 2006 年版。

[51] 张丽君:《西部开发与特色经济规划》,东北财经大学出版社 2002 年版。

[52] 章家恩:《旅游生态学》,化学工业出版社 2005 年版。

[53] 赵友兴:《国家森林公园》,哈尔滨地图出版社 2003 年版。

[54] 周琳:《黑龙江省森林生态旅游发展研究》,黑龙江人民出版社 2006 年版。

[55] 周琳:《资源型城市旅游业可持续发展研究》,黑龙江人民出版社 2008 年版。

[56] 朱路平:《文化旅游与文化遗产管理》,南开大学出版社 2005 年版。

　　(二) 中文论文

[57] 安士伟:《美国旅游业的特点及启示》,《河南教育学院学报》 2006 年第 1 期。

[58] 白永亮:《中国公路超载超限的经济学解释及长效治理机制构建》,《中国软科学》2006 年第 10 期。

[59] 保继刚:《社区旅游发展研究述评》,《桂林旅游高等专科学校学报》2002 年第 13 期。

[60] 卞谦:《技术创新与制度创新在旅游行业的应用》,《社会科学家》2000 年第 1 期。

[61] 蔡玳燕:《德国旅游业的成功经验和特征》,《生态经济》2009 年第 2 期。

[62] 蔡美艳:《申报世界遗产过程对旅游地的梳理和建设作用》,《桂林旅游高等专科学校学报》2006 年第 2 期。

[63] 曹国新:《我国旅游业发展的若干政策性问题》,《中外企业》 2008 年第 7 期。

[64] 曹小平:《党的执政理念的升华:科学发展与社会和谐》,《中国特色社会主义研究》2007 年第 5 期。

[65] 陈榕:《论列宁社会主义理论创新的基本特点》,《中共云南省委党校学报》2003 年第 5 期。

[66] 陈实:《我国旅游资源开发中的反可持续发展问题及原因分

析》，《人文杂志》2001 年第 4 期。

［67］陈淑华：《东北资源型城市工业旅游的发展》，《学术交流》2010 年第 3 期。

［68］陈鑫峰：《生态旅游与森林公园中开展生态旅游实践的探讨》，《世界林业研究》2001 年第 4 期。

［69］陈旋：《新的休假制度对我国旅游业的影响》，《漳州职业技术学院学报》2009 年第 2 期。

［70］陈璇：《新的休假制度对我国旅游业的影响》，《漳州职业技术学院学报》2009 年第 4 期。

［71］程小旭：《〈旅游法〉出台具有里程碑意义》，《中国经济时报》2013 年 4 月 26 日。

［72］仇保兴：《中国历史文化名城保护形势、问题及对策》，《中国名城》2012 年第 12 期。

［73］崔万安：《区域自然资源可持续发展的国际合作策略研究》，《科技进步与对策》2003 年第 4 期。

［74］戴春芳：《张家界旅游产业集群创新系统分析》，《广西轻工业》2010 年第 3 期。

［75］戴光全：《旅游资源创新问题的初步研究》，《桂林旅游高等专科学校学报》2001 年第 1 期。

［76］丁登山：《意大利旅游资源结构分析和旅游发展战略》，《人文地理》1997 年第 1 期。

［77］丁焕峰：《大城市边缘山地旅游创新系统初步研究》，《山地学报》2002 年第 3 期。

［78］丁杰盉：《旅游产品开发和生态环境建设》，《城市问题》2001 年第 2 期。

［79］丁培卫：《近 30 年中国乡村旅游产业发展现状与路径选择》，《东岳论丛》2011 年第 7 期。

［80］董华：《旅游业的服务创新与品牌建设》，《青岛科技大学学报》2003 年第 1 期。

［81］杜江：《中国旅行社业发展的回顾与前瞻》，《旅游学刊》2003

年第 6 期。

［82］方家平：《旅游创新资源开发初探》，《贵州商业专科学院学报》2001 年第 2 期。

［83］方中权：《法国旅游办公室的功能及启示》，《世界地理研究》2007 年第 2 期。

［84］冯革群：《德国鲁尔区工业地域变迁的模式与启示》，《世界地理研究》2006 年第 9 期。

［85］冯维波：《对我国旅游开发规划中若干问题的研究》，《重庆建筑大学学报》2001 年第 1 期。

［86］冯卫红：《生态旅游地域系统与旅游地可持续发展探讨》，《经济地理》2001 年第 1 期。

［87］付业勤：《国内工业旅游发展研究》，《旅游研究》2012 年第 3 期。

［88］傅才武：《当代中国文化遗产的保护与开发模式》，《湖北大学学报》2010 年第 4 期。

［89］高洪涛：《我国旅游产业集群研究综述》，《许昌学院学报》2010 年第 1 期。

［90］龚凤梅：《旅游业服务创新系统动力的研究》，《中国商贸》2010 年第 4 期。

［91］官卫华：《国家级风景名胜区管理体制创新研究》，《现代城市研究》2007 年第 12 期。

［92］管克江：《德国旅游法规融入具体法律框架》，《人民日报》2013 年 2 月 7 日。

［93］郭建敏：《生态旅游发展的现状、问题及对策》，《焦作大学学报》2005 年第 1 期。

［94］郭鲁芳：《旅行社及其核心利益相关者均衡发展机制探究》，《旅游学刊》2006 年第 12 期。

［95］郭峦：《国内外旅游创新研究综述》，《创新》2012 年第 3 期。

［96］郭峦：《旅游创新的概念、特征和类型》，《商业研究》2011 年第 12 期。

[97] 郭先登：《提高工业旅游发展水平的策略》，《中国旅游报》
2012 年 5 月 4 日。

[98] 何桂梅：《论选择性旅游的可持续发展意义》，《经济地理》
2001 年第 5 期。

[99] 何效祖：《英国旅游业发展战略及借鉴价值研究》，《旅游学刊》
2006 年第 9 期。

[100] 侯学英：《黑龙江省发展农业旅游的对策研究》，《理论探讨》
2005 年第 4 期。

[101] 胡国良：《合肥市"十一五"旅游业发展对策研究》，硕士论
文，合肥工业大学，2006 年。

[102] 胡炜霞：《21 世纪旅游发展的新领域：景区周边环境—综述研
究与评论》，《西北农林科技大学学报》2009 年第 2 期。

[103] 胡炜霞：《中国国家地质公园建设特色及快速发展过程中的问
题与对策研究》，《地质评论》2007 年第 1 期。

[104] 胡小纯：《国内外旅游就业研究综述》，《华东师范大学学报》
2008 年第 3 期。

[105] 胡志仙：《法国旅游业发展之理念探讨》，《旅游纵览》2013
年第 16 期。

[106] 黄乐：《新制度经济学对中国经济发展的启示》，《经济视角》
2011 年第 1 期。

[107] 黄玮：《浅析旅游服务创新》，《浙江树人大学学报》2006 年
第 3 期。

[108] 黄秀娟：《旅游产业竞争力研究综述》，《福建农林大学学报》
2007 年第 2 期。

[109] 黄秀娟：《寻租行为与国家自然文化遗产管理》，《林业经济问
题》2003 年第 4 期。

[110] 纪文静：《美国政府旅游管理机构职能演变对我国的启示》，
《中国商贸》2013 年 2 月 21 日。

[111] 贾鸿雁：《焦点与走向：关于历史文化名城旅游研究的思考》，
《桂林旅游高等专科学校学报》2007 年第 6 期。

[112] 贾生华:《制度变迁与中国旅游产业的成长阶段和发展对策》,《旅游学刊》2002 年第 4 期。

[113] 江金波:《中国旅游创新的回顾与展望：基于文献的研究》,《人文地理》2011 年第 4 期。

[114] 蒋丽丽:《GATS 框架下我国旅游法律制度的构建》,硕士论文,哈尔滨工程大学,2008 年。

[115] 蒋满元:《我国乡村旅游发展中存在的问题及其对策》,《福建行政学院学报》2011 年第 4 期。

[116] 蒋莎:《旅游管理体制的国际比较及启示》,《鄂州大学学报》2007 年第 3 期。

[117] 蒋莎:《中国旅游产业发展中的政府职能定位分析》,《云南地理环境研究》2006 年第 9 期。

[118] 李德明:《旅游理论与科学发展观》,《旅游学刊》2004 年第 3 期。

[119] 李锦前:《中国与澳大利亚旅游局职能比较及启示》,《产业与科技论坛》2012 年第 11 期。

[120] 李蕾蕾:《逆工业化与工业遗产旅游开发》,《世界地理研究》2002 年第 9 期。

[121] 李立华:《论中国旅游可持续发展的规划策略》,《山地学报》2000 年第 1 期。

[122] 李平:《新中国旅游管理体制的演变与启示》,《中国经济史研究》2003 年第 3 期。

[123] 李荣华:《旅游法律法规的规制探讨》,《湖北成人教育学院学报》2008 年第 7 期。

[124] 李伟:《论我国乡村旅游的发展取向》,《昆明大学学报》2007 年第 2 期。

[125] 李玺:《澳门世界文化遗产旅游的创新性开发策略研究—游客感知的视角》,《旅游学刊》2009 年第 8 期。

[126] 李向明:《近年来我国森林旅游研究综述》,《江西林业科技》2001 年第 3 期。

[127] 李晓琴：《地质公园创新管理模式探讨》，《中国国土资源经济》2011 年第 1 期。

[128] 李孝坤：《文化旅游资源开发与乡村旅游可持续发展》，《重庆师范大学学报》2004 年第 2 期。

[129] 李中：《我国经济发展方式转变中的制度创新》，博士论文，中央党校，2012 年。

[130] 梁锦梅：《生态旅游地开发与管理研究》，《经济地理》2001 年第 5 期。

[131] 林龙飞：《环境哲学与旅游可持续发展理论研究综述》，《求索》2006 年第 10 期。

[132] 凌强：《日本发展入境旅游的政策措施与成效》，《日本学论坛》2008 年第 2 期。

[133] 刘锋：《建设世界旅游强国的前沿关注》，《旅游学刊》2005 年第 3 期。

[134] 刘锋：《新时期中国旅游规划创新》，《旅游学刊》2001 年第 5 期。

[135] 刘红玉：《马克思的创新思想研究》，博士论文，湖南大学，2011 年。

[136] 刘惠兰：《森林旅游发展大有空间—专访国家林业局局长赵树丛》，2012 年第 12 期。

[137] 刘敏：《关于旅游地旅游企业创新的初步研究—以平遥古城为例》，《生产力研究》2010 年第 11 期。

[138] 刘细平：《中国与世界旅游强国的对比研究》，《湘潭师范学院学报》2008 年第 4 期。

[139] 刘晓丽：《意大利旅游资源向旅游资本转变的途径》，硕士论文，对外经济贸易大学，2006 年。

[140] 刘住：《走旅游人才强国之路—中国旅游人才状况及规划方向》，《旅游学刊》2006 年第 12 期。

[141] 鲁铭：《湿地旅游可持续发展研究》，《世界地理研究》2002 年第 2 期。

[142] 罗辉：《中国旅游业制度变迁的主体类型及演化模式研究》，《玉溪师范学院学报》2010 年第 3 期。

[143] 吕本勋：《中国旅游强国之路：回顾与展望》，《旅游研究》2012 年第 2 期。

[144] 马海玲：《区域可持续发展评价指标体系的构建》，《商场现代化》2012 年第 9 期。

[145] 马颖：《上海工业旅游发展模式及政策支持思考》，《中国商界》2010 年第 3 期。

[146] 马勇：《区域旅游规划的创新思考》，《旅游科学》2007 年第 3 期。

[147] 聂献忠：《旅游产业发展过程中的增长转型与制度创新》，《特区与港澳经济》2000 年第 1 期。

[148] 牛亚菲：《可持续旅游概念与理论研究》，《旅游规划与发展·国外城市规划》2000 年第 3 期。

[149] 潘丽萍：《论我国旅游法律制度的完善》，《天水行政学院学报》2008 年第 2 期。

[150] 潘石：《加快制度创新，促进高新科技产业发展》，《特区经济》2009 年第 5 期。

[151] 潘石：《政府规制的制度分析与制度创新》，《长白学刊》2004 年第 1 期。

[152] 庞振刚：《自然保护区可持续发展的必由之路—发展生态旅游》，《生态经济》2001 年第 5 期。

[153] 皮拉特：《德国鲁尔区的转型与区域政策选择》，《经济社会体制比较》2004 年第 4 期。

[154] 邱玉华：《城镇化进程中我国乡村旅游发展的路径选择》，《社会主义研究》2012 年第 1 期。

[155] 荣浩：《我国旅游业发展的区域差异》，《经济问题》2011 年第 11 期。

[156] 阮仪三：《历史名城资源的合理利用与旅游发展》，《城市规划》2003 年第 4 期。

[157] 上海市旅游局：《上海市经济和信息化委员会》，《上海市工业旅游"十二五"发展规划》，2011 年。

[158] 邵龙宝：《人的现代化与制度创新的双向互动》，《晋阳学刊》2011 年第 3 期。

[159] 邵晓丽：《休假制度的变革对我国旅游业的影响》，《科技创新导报》2009 年第 20 期。

[160] 沈和江：《制度、技术、管理：中国旅游产业化成长的制度安排》，《石家庄学院学报》2006 年第 3 期。

[161] 沈少剑：《英国旅游业发展与经验启示研究》，《山东社会科学》2012 年第 4 期。

[162] 生延超：《旅游服务创新分析》，《北京市财贸管理干部学院学报》2004 年第 3 期。

[163] 石美玉：《日本"观光立国战略"的效果评价及启示》，《东北亚论坛》2009 年第 6 期。

[164] 宋慧林：《我国旅游业技术创新水平的区域空间分布特征—基于专利数据的统计分析》，《旅游科学》2010 年第 2 期。

[165] 孙瑞红：《美国旅游地可持续发展现状及启示》，《商业研究》2005 年第 17 期。

[166] 唐飞：《建立旅游可持续发展的复合系统》，《东北财经大学学报》2001 年第 2 期。

[167] 田园：《森林生态旅游发展重点及对策》，《黑龙江对外经贸》2008 年第 7 期。

[168] 童明康：《保护世界遗产 谋求可持续发展》，《中国文化遗产》2012 年第 5 期。

[169] 万蓬勃：《构建旅游业产品创新体系的思考》，《产业与科技论坛》2007 年第 8 期。

[170] 万绪才：《国外生态旅游研究进展》，《旅游学刊》2002 年第 2 期。

[171] 王波：《中国旅游景区供给的制度经济学研究》，博士论文，北京交通大学，2007 年。

[172] 王景慧：《历史文化名城的概念辨析》，《城市规划》2011 年第 12 期。

[173] 王军伟：《决策支持系统在旅游景区优先开发中的应用》，《北大学学报》2002 年第 7 期。

[174] 王君正：《基于服务创新四维度模型的我国旅游企业创新模式分析——以云南旅游业为例》，《商业研究》2007 年第 8 期。

[175] 王莉莉：《英国旅游业报告：金砖四国旅英游客将大幅增长》，《中国对外贸易》2010 年第 10 期。

[176] 王良健：《旅游可持续发展评价指标体系及评价方法研究》，《旅游学刊》2001 年第 1 期。

[177] 王敏：《旅游监管法律制度研究》，硕士论文，北京交通大学，2007 年。

[178] 王涛：《英国：旅游业拉动发展》，《经济日报》2012 年 1 月 14 日。

[179] 王霞：《旅游服务创新的驱动力研究—以山西为例》，《山西农业大学学报》2010 年第 4 期。

[180] 王兴国：《我国的森林公园建设与生态旅游》，《环境教育》2000 年第 3 期。

[181] 王学峰：《旅游产品创新的基本问题探析》，《山东师范大学学报》2002 年第 4 期。

[182] 王志远：《德国旅游业立足国情才有根基》，《经济日报》2013 年 7 月 9 日。

[183] 王竹芹：《国有资产分类管理研究》，《经济师》2004 年第 12 期。

[184] 温秀：《旅游商品研发创新的动力系统初探—以西安为例》，《经济问题》2009 年第 3 期。

[185] 邬爱其：《国家级风景名胜区经营性项目规制改革探讨》，《旅游学刊》2001 年第 4 期。

[186] 巫莉丽：《德国工业旅游的发展及其借鉴意义》，《德国研究》2006 年第 2 期。

[187] 吴洪:《发展特色旅游:阜新转型又一新思路》,《资源与产业》2006 年第 1 期。

[188] 项进:《可持续发展战略与企业应对策略》,《冶金经济与管理》2002 年第 3 期。

[189] 肖光明:《论生态旅游及其开发中的若干问题》,《西江大学学报》2000 年第 4 期。

[190] 邢国宏:《分析法国旅游业具有国际竞争力的原因》,《佳木斯教育学院学报》2013 年第 7 期。

[191] 熊继红:《关于国家地质公园可持续发展对策研究》,《国土与自然资源研究》2009 年第 1 期。

[192] 熊元斌:《旅游业可持续发展的制度安排研究》,《武汉大学学报》2012 年第 1 期。

[193] 徐皎:《日本国际旅游业的特点及新动向》,《世界地理研究》2006 年第 3 期。

[194] 徐彦云:《美国旅游业未来十年发展目标》,《中国旅游报》2013 年 3 月 27 日。

[195] 许峰:《旅游城市休闲服务业协调发展研究》,《旅游学刊》2001 年第 3 期。

[196] 许鹏:《旅游企业技术创新能力的要素构成与综合评价》,《工业技术经济》2009 年第 3 期。

[197] 许涛:《我国国家地质公园旅游系统研究进展与趋势》,《旅游学刊》2010 年第 11 期。

[198] 阎友兵:《基于三重螺旋模型的旅游产业集群创新系统研究科技管理研究》,《科技管理研究》2009 年第 4 期。

[199] 杨朝飞:《我国环境法律制度与环境保护》,《中国人大》2012 年第 11 期。

[200] 杨春虹:《西班牙:滨海旅游大国成功之道》,《海南日报》2011 年 10 月 24 日。

[201] 杨春宇:《中国旅游制度变迁机制及其理论体系构建研究》,《商业经济与管理》2011 年第 12 期。

［202］ 杨华：《我国森林旅游资源管理体制改革研究》，《中国林业经济》2010 年第 3 期。

［203］ 杨玲玲：《旅游新业态的"新"意探析》，《资源与产业》2009 年第 6 期。

［204］ 杨颖：《旅游创新体系构建及相关要素分析—以上海、南京为例》，《生态经济》2011 年第 1 期。

［205］ 易伟新：《论世界旅游强国战略目标实现的着力点》，《学术论丛》2009 年第 1 期。

［206］ 于萌：《日本旅游政策对我国旅游发展的促进及启示》，《旅游管理研究》2011 年第 8 期。

［207］ 余凤龙：《制度对旅游发展影响研究综述与启示》，《旅游学刊》2008 年第 9 期。

［208］ 袁亚忠：《我国旅游业制度创新的动因分析》，《生产力研究》2007 年第 19 期。

［209］ 张昌林：《列宁晚年的体制创新及其启示》，《学术论坛》2008 年第 10 期。

［210］ 张海鹰：《民俗旅游可持续发展策略研究》，《高师理科学刊》2004 年第 2 期。

［211］ 张红梅：《农业旅游国内研究综述》，《宁夏大学学报》2007 年第 6 期。

［212］ 张红颖：《西班牙旅游业发展经验对中国的启示》，《科协论坛》2008 年第 10 期。

［213］ 张辉：《旅游经济：需求流动型的群簇经济》，《商业研究》2005 年第 8 期。

［214］ 张俐俐：《我国旅游管理体制改革的历程》，《社会科学家》2003 年第 3 期。

［215］ 张松：《历史文化名城保护的制度特征与现实挑战》，《城市发展研究》2012 年第 9 期。

［216］ 张葳：《河北省旅游创新能力的提升路径》，《商场现代化》2011 年第 3 期。

［217］张文建：《当代旅游业态理论及创新问题探析》，《商业经济与管理》2010 年第 4 期。

［218］张五常：《新制度经济学的现状及其发展趋势》，《当代经济》2008 年第 7 期。

［219］张宜红：《国内外区域发展与合作机制的经验与借鉴》，《科技广场》2012 年第 9 期。

［220］张逸：《森林生态旅游的开发与可持续发展策略的研究》，《林业经济问题》2002 年第 2 期。

［221］张宗庆：《交易成本、历史和文化：新制度经济学的三种分析指向》，《江海学刊》2009 年第 5 期。

［222］赵峰：《浅析我国森林公园与生态旅游管理的法律问题》，《山西林业》2012 年第 2 期。

［223］郑克岭：《论邓小平制度创新思想及现实意义》，《理论探讨》2006 年第 1 期。

［224］郑世卿：《中国旅游产业组织演化研究》，博士论文，上海社会科学院，2009 年。

［225］郑向敏：《旅游景区（点）经营权转让鱼须科学合理的制度安排》，《旅游学刊》2005 年第 3 期。

［226］中国驻巴黎旅游办事处：《法国旅游市场回顾与展望》，《中国旅游报》2012 年 2 月 10 日。

［227］中国驻法兰克福旅游办事处：《德国旅游市场回顾与展望》，《中国旅游报》2012 年 4 月 6 日。

［228］中国驻伦敦旅游办事处：《英国旅游市场回顾与展望》，《中国旅游报》2012 年 2 月 10 日。

［229］中国驻洛杉矶旅游办事处：《美国旅游市场回顾与展望》，《中国旅游报》2012 年 3 月 9 日。

［230］钟冲：《中国旅游产业政策的演变趋势与展望》，《长沙铁道学院学报》2009 年第 3 期。

［231］钟海生：《旅游科技创新体系研究》，《旅游学刊》2000 年第 3 期。

［232］周琳：《大东北旅游圈框架下资源型城市旅游业发展深层破解》，《学习与探索》2010 年第 2 期。

［233］周琳：《关于黑龙江省旅游名镇建设的若干思考》，《国际旅游：沟通与合作 – 东北亚区域旅游合作文集》，日本侨报出版社 2011 年版。

［234］周琳：《关于森林旅游的特色整合开发的理论思考》，《黑龙江社会科学》2005 年第 2 期。

［235］周琳：《黑龙江入境旅游市场分析与发展研究》，《黑龙江社会科学》2008 年第 3 期。

［236］周琳：《黑龙江省森林旅游的特色整合探析》，《黑龙江经济报》2005 年。

［237］周琳：《旅游的个性化趋势和黑龙江旅游发展》，《学习与探索》2006 年第 5 期。

［238］周琳：《明确经济改革的价值取向》，《社会科学报》2007 年。

［239］周琳：《我省旅游业中长期战略问题思考》，《黑龙江日报》2005 年 12 月 23 日。

［240］周琳：《新改革观：科学发展观的潜核心要求及其践行》，《学习与探索》2007 年第 3 期。

［241］朱晔：《浅谈意大利旅游业的持续发展》，《陕西职业技术学院学报》2005 年第 2 期。

［242］主文博：《包含制度因素的中国经济增长模型及实证分析》，《当代经济科学》2002 年第 2 期。

［243］住房和城乡建设部：《中国风景名胜区事业发展公报（1982—2012）》，2012 年。

二 外文参考文献

（一）外文著作

［1］Ceballos, L. H. Tourism, ecotourism ang protectedareas. Parks 2 (3): 31 – 5, 1991.

［2］D C North. Institutional Change and American Economic Growth

[M]. London：Cambridge University Press，1971.

[3] D C North. Institutional Change and Economic Performance [M]. London：Cambridge University Press，1990.

[4] Decelle X. A Dynamiac Conceptual Approach to Innovationin Tourism [C]. Innovation and Growth in Tourism，2006.

[5] Flagestad A. The destination as an innovation system for non－winter ourism [C]. Innovation and Product Development in Tourism，2006：25－37.

[6] Guerin A. J. The French Initiative for Innovation in Tourism：How to rejuvenate Supply and Increase the Productivityof the Tourism Sector [C]. Innovation and Growth in Tourism，2006：109－120.

[7] Hall C. M，Williams A. M. Tourism and Innovation [M]. R outledge，2008：18－19.

[8] Poon A. Tourism，technology and competitive strategies [M]. UK：CABI Publishing，1993.

[9] Pikkemaat B，Silvia Pfeil. Knowledge Management as precursor for innovation in tourism－the case of "familynests" in tyrol [C]. Innovation and Product Development in Tourism，2006：121－137.

[10] Tang Zi. Economic Valuation of Ecosystem Services of Water Tourism Resources in Heilongjiang Province. Advanced Materials Research，113－114，2010.

[11] Weiermair. K. Product Improvement or Innovation：What is the Key to success in Tourism [C]. Innovation andGrowth in Tourism，2006：53－69.

（二）外文论文

[12] Andresseru，B. planning for the social impacts of tourism：unpublished Mathesis，University of Waterloo，1981.

[13] Bureau of Tourism Research. The Nature of Ecotourism，Ocasiomal Paper NO. 21，Common wealth of Australia，Canberra. 1995.

[14] Carroll，B. and Turpin，T. Environmental strategies for sustainable

development – a new town in mallorca. Journal of the Institute of Water and Environmental Management 11 (4) 235 – 240, 1997.

[15] Dalem, A. A. G. R. 1999. Birds as a potential tourist attraction at Nusa Dualagoon, NusaDua, Bali, Indonesia. Apreliminarystudy. pp. 159 – 172. Proceedings of the International Seminar of Sustainable Tourism: The Baliness Perspective in Denpasar, Bali, August 3, 1999.

[16] Dalem, A. A. G. R. and Astarinil. A. significant achievements on the development of ecotourism in Bali, Indonesia. Annals Word Ecotour 2000: 221 – 2, 2000.

[17] Dearden, P. Tourism and Development in Southeast Asia: Some Challenges for the future, In Regional Development at "Socio – economic Aspects of Environmemntal, 1992.

[18] Dermis Pirages. Demographic Change and Ecological Security, 1997.

[19] Deudrley. D. Environment and security: muddled thinking. The Bulletin, 1991.

[20] Driml, and Common, M. "Ecological Economics Criteria for Sustainable" Tourism: Australia, Journal of sustainable Tourism 4 (1): 3 – 16, 1996.

[21] Elizsbeth BooThe. Ecotourism Boom: Planning for Development and Management. Washington: WWF, 1992, .

[22] Fennell, D. Ecotourism: An introduction. London: Routledge, 1999.

[23] French, C, Craig – Smith, S. and Collier, A. Principles of tourism. New South Wales: Longman, 2000.

[24] Griffin. T. and Boele, N. Alternative paths to sustainable tourism: Problems, prospects, panaceas and pipe dreams. In Tourism and economic development in Asia and Australia, F. M. goand C. Jenkins, 1997: 321 – 33, London: Cassell.

[25] Hjalager. A. M. Repairing innovation defectiveness in tourism [J].

Tourism Management, 2002 (23).

[26] Hjalager. A. M. Innovation patterns in sustainable: an analyticalty pology [J]. Tourism Management, 1997 (18).

[27] Honey, M. Ecotourism and ustainable Development – Who Owns paradise? Island Press, Washington, D. C., U. S. A, 1999.

[28] Jenkins, C. L. Impacts of the development of international tourism in the Asian region. In: Tourism and economic development in Asia and Australia, f. m. Go and C. Jenkins, 1997: 321 – 33, London: cassell, 1997.

[29] Mattsson, J, Sundbo, J., Jensen, C. F.. Innovation Systems in Tourism: The Roles of Attractor and Scene – Takers [J]. Industry and Innovation, 2005 (3).

[30] Mclaren, D. Rethinking Tourism and ecotravel – the paving of paradise and what you and do to stop it, Kumarian Press, Connecticut, U. S. A. 1998.

[31] Middleton, V. and Hawkins, R. Sustainable Tourism – A Marketing Perspective, Butterworth – Heinemann, Oxford, U. K. 1998.

[32] Morrison A, Lynch P, Johns N. International tourism networks [J]. International Journal of Contemporary Hospitality Management, 2004 (3).

[33] Morrison A, Lynch P, Johns N. International tourism networks [J]. International Journal of Contemporary Hospitality Management, 2004 (3).

[34] Sebastian, I. and McArthur, S. "Introducing the Sustainability Bar – onetera tool to measure the sustainability of tourism," in Proceedings of the Ecotourism Asociation of Australia 1998 national Conference, pp. 21 – 6, 1998.

[35] Sundbo, J, Orfila – Sintes, F, Sorensen, F. The innovative behaviour of tourism firms—comparative studies of Denmark and Spain [J]. R esearch Policy, 2007 (36).

［36］ Tourism Queensland. "Grow your Own Ecotourism Business", Vol1, Tourism Queensland, Brisbane, 1999.

［37］ Travel and Tourism Intelligence. Vietnam. International Toursim Reports No. 2. 1997.

［38］ Verbeke, M. J. Tourism development in Vietnam. Tourism Management 16 (4): 315 – 25. 1995.

［39］ Voice of Vietnam. 2000. Tourism has many prospects for development in Vietnam. http: //www. vn. vn/index/html. visited on Dec, 2000.

［40］ World commission on Environment and Development. Our Common Future, Oxford: University Press. 1987.

［41］ WTO. Tourism highlights 1999. 2000.

［42］ Zhihuili. Measuring Customer Perceptions of Hotel Service Quality Based on a Servperf Approach, Journal of China Tourism Research, Volume 6, Issue 1 January 2010 (1) .